LOS ASESINOS SERIALES MÁS BRUTALES DE TODOS LOS TIEMPOS

Conoce a los Psicópatas que Han Dejado Aterrorizado al Mundo

BLAKE AGUILAR

© **Copyright 2021 – Blake Aguilar - Todos los derechos reservados.**

Este documento está orientado a proporcionar información exacta y confiable con respecto al tema tratado. La publicación se vende con la idea de que el editor no tiene la obligación de prestar servicios oficialmente autorizados o de otro modo calificados. Si es necesario un consejo legal o profesional, se debe consultar con un individuo practicado en la profesión.

- Tomado de una Declaración de Principios que fue aceptada y aprobada por unanimidad por un Comité del Colegio de Abogados de Estados Unidos y un Comité de Editores y Asociaciones.

De ninguna manera es legal reproducir, duplicar o transmitir cualquier parte de este documento en forma electrónica o impresa.

La grabación de esta publicación está estrictamente prohibida y no se permite el almacenamiento de este documento a menos que cuente con el permiso por escrito del editor. Todos los derechos reservados.

La información provista en este documento es considerada veraz y coherente, en el sentido de que cualquier responsabilidad, en términos de falta de atención o de otro tipo, por el uso o abuso de cualquier política, proceso o dirección contenida en el mismo, es responsabilidad absoluta y exclusiva del lector receptor. Bajo ninguna circunstancia se responsabilizará legalmente al editor por cualquier reparación, daño o pérdida monetaria como consecuencia de la información contenida en este documento, ya sea directa o indirectamente.

Los autores respectivos poseen todos los derechos de autor que no pertenecen al editor.

La información contenida en este documento se ofrece únicamente con fines informativos, y es universal como tal. La presentación de la información se realiza sin contrato y sin ningún tipo de garantía endosada.

El uso de marcas comerciales en este documento carece de consentimiento, y la publicación de la marca comercial no tiene ni el permiso ni el respaldo del propietario de la misma.

Todas las marcas comerciales dentro de este libro se usan solo para fines de aclaración y pertenecen a sus propietarios, quienes no están relacionados con este documento.

Índice

Introducción	vii
1. Historia, características y motivos de los asesinos en serie	1
2. H.H Holmes, el primer asesino en serie estadounidense	17
3. Wayne Williams, el infanticida de Atlanta	47
4. Jeffrey Dahmer, caníbal y necrofílico	59
5. Joel Rifkin, el asesino de prostitutas	83
6. David Berkowitz, el hijo de Sam	91
7. Harold Shipman, el doctor británico asesino	139
Conclusión	151
Bibliografía	157

Introducción

Es un día común. Ya hiciste todos tus deberes y tareas pendientes. Te quieres relajar un momento. Prendes tu televisor, abres cualquier plataforma de streaming y es cien por ciento seguro que encontrarás en recomendaciones una serie o película sobre asesinos seriales. Asesino serial o crimen impactante aquí y por allá y en todos lados. El libro que tienes en tus manos forma parte de esta avalancha de miedo/admiración por estas figuras, terroríficas, pero inevitablemente humanas, como todos nosotros.

Pero eso sí. Este libro no es igual que en las películas o series. En estas últimas solo hay una representación de los hechos.

Introducción

En este libro encontrarás las razones de fondo, motivos y psicología de cada asesino serial mencionado, además de la representación y cronología de sus atrocidades. No es que una cosa sea mejor que otra; son diferentes intenciones.

Para entender un suceso es necesario que, por medio de una visión panorámica de este, seamos capaces de entender las razones y motivos. Muchas veces las representaciones de los asesinos se quedan en eso: representaciones muy básicas. Entender es mirar ampliamente.

Entender desde las análisis y teorías a los asesinos seriales no es opacar los hechos o acciones extraordinarias de estos individuos; al contrario, es profundizar en estas acciones y dotarles de aún más terror y suspenso, puesto que las teorías, si bien explican mucho, siempre van a dejar lugar para el misterio.

La ciencia ha avanzado mucho en estos últimos años.

Cada vez entendemos más. Lo mismo pasa con los asesinos seriales y las ciencias que les estudian. En estas no solo destaca la psicología y psiquiatría, sino que más recientemente también la sociología. Desde su aparición en el imaginario humano los asesinos fueron dotados de descripciones de todo y tipo, menos científicas. Estas descripciones respondían al pensamiento de la época.

Por eso muchas veces se les fue dotando a los asesinos de razones demoníacas o sobrenaturales, puesto que antes el pensamiento religioso era el hegemónico. Hoy en día predomina el pensamiento científico; sin embargo esto no significa que ya todo esté explicado.

Comencemos por lo básico. Un asesino en serie suele ser una persona que asesina a tres o más personas, por lo general al servicio de una gratificación psicológica anormal, y los asesinatos tienen lugar a lo largo de más de un mes e incluyen un periodo de tiempo significativo entre ellos. Aunque la mayoría de las autoridades establecen un umbral de tres asesinatos, otros lo amplían a cuatro o lo reducen a dos.

La gratificación psicológica es el motivo habitual de los asesinatos en serie, y la mayoría de los asesinatos en serie implican contacto sexual con la víctima, pero la Oficina Federal de Investigación (FBI) afirma que los motivos de los asesinos en serie pueden incluir la ira, la búsqueda de emociones, el beneficio económico y la búsqueda de atención. Los asesinatos pueden intentarse o completarse de forma similar. Las víctimas pueden tener algo en común, por ejemplo, el perfil demográfico, la apariencia, el género o la raza.

Aunque un asesino en serie es una clasificación distinta a la de un asesino en masa, un asesino en serie o un asesino a sueldo, existen solapamientos conceptuales entre ellos. Existe cierto debate sobre los criterios específicos de cada categoría, especialmente en lo que respecta a la distinción entre asesinos en serie y asesinos en cadena.

El término inglés y el concepto de asesino en serie se atribuyen comúnmente al ex agente especial del FBI Robert Ressler, que utilizó el término homicidio en serie en 1974 en una conferencia en la Academia de Personal de la Policía en Bramshill, Hampshire, Inglaterra, Reino Unido. La autora Ann Rule postula en su libro de 2004 *Bésame, Mátame*, que el mérito de la acuñación del término en lengua inglesa corresponde al detective de la policía de Los Angeles Pierce Brooks, que creó el sistema del Programa de Aprehensión de Criminales Violentos (ViCAP) en 1985.

El término y el concepto alemanes fueron acuñados por el criminólogo Ernst Gennat, que describió a Peter Kürten como un Serienmörder ('asesino en serie') en su artículo "Die Düsseldorfer Sexualverbrechen" (1930). En su libro, Serial Killers: The Method and Madness of Monsters (2004), el historiador de la justicia penal Peter Vronsky señala que, si bien Ressler podría haber acuñado el término inglés "serial homicide" dentro de la ley en 1974, los términos "serial murder" y "serial murderer" aparecen en el libro de John Brophy "The Meaning of Murder" (1966) El periódico de

Washington DC *Evening Star*, en una reseña del libro de 1967 dice:

Está el asesino en masa, o lo que él [Brophy] llama el asesino "en serie", que puede estar motivado por la codicia, como los seguros, o la retención o el crecimiento del poder, como los Médicis de la Italia del Renacimiento, o Landru, el "barba azul" del período de la Primera Guerra Mundial, que asesinó a numerosas esposas después de tomar su dinero.

En su estudio más reciente, Vronsky afirma que el término asesinato en serie entró por primera vez en el uso popular estadounidense más amplio cuando se publicó en The New York Times en la primavera de 1981, para describir al asesino en serie de Atlanta Wayne Williams.

Posteriormente, a lo largo de la década de 1980, el término volvió a utilizarse en las páginas de The New York Times, una de las principales publicaciones informativas nacionales de Estados Unidos, en 233 ocasiones. A finales de la década de 1990, el uso del término había aumentado a 2.514 ocasiones en el periódico.

A la hora de definir a los asesinos en serie, los investigadores suelen utilizar como referencia "tres o más asesinatos" por considerarlo suficiente para proporcionar un patrón sin ser demasiado restrictivo.

Independientemente del número de asesinatos, es necesario que se hayan cometido en momentos diferentes y, por lo general, se cometen en lugares distintos. La falta de un periodo de reflexión (una pausa significativa entre los asesinatos) marca la diferencia entre un asesino en serie y un asesino en serie. Sin embargo, se ha comprobado que esta categoría no tiene ningún valor real para la aplicación de la ley, debido a los problemas de definición relacionados con el concepto de "periodo de reflexión". Los casos de episodios prolongados de asesinatos secuenciales durante periodos de semanas o meses sin un aparente "periodo de reflexión" o "vuelta a la normalidad" han hecho que algunos expertos sugieran una categoría híbrida de "asesino en serie".

En *Controversial Issues in Criminology*, Fuller y Hickey escriben que "el elemento del tiempo que transcurre entre los actos de asesinato es primordial para diferenciar a los asesinos en serie, en masa y en serie", y más adelante explican que los asesinos en serie "se dedican a matar durante días o semanas", mientras que los "métodos de asesinato y los tipos de víctimas varían". Andrew Cunanan se cita como ejemplo de asesino en serie, mientras que Charles Whitman se menciona en relación con el asesinato en masa, y Jeffrey Dahmer con el asesinato en serie.

Introducción

Por otro lado, la Oficina Federal de Investigación (FBI) define el asesinato en serie como "una serie de dos o más asesinatos, cometidos como eventos separados, generalmente, pero no siempre, por un solo delincuente que actúa en solitario".

Ahora que ya sabes la definición e historia de la palabra, podemos pasar al primer capítulo de este libro, en donde abordaremos el aspecto histórico y psicológico de los asesinos en serie.

1

Historia, características y motivos de los asesinos en serie

Los criminólogos históricos sugieren que ha habido asesinos en serie a lo largo de toda la historia. Algunas fuentes sugieren que leyendas como la de los hombres lobo y los vampiros se inspiraron en asesinos en serie medievales. En África, se han producido históricos brotes periódicos de asesinatos por parte de "hombres león" y "mujeres leopardo".

La historia de los asesinos en serie no solo comienza en occidente. El chino Liu Pengli, sobrino del emperador Han Jing, fue nombrado príncipe de Jidong en el sexto año del periodo medio del reinado de Jing (144 a.C.).

. . .

Según el historiador chino Sima Qian, "salía en expediciones de merodeo con 20 o 30 esclavos o con jóvenes que se escondían de la ley, asesinando a la gente y apoderándose de sus pertenencias por puro deporte". Aunque muchos de sus súbditos conocían estos asesinatos, no fue hasta el 29º año de su reinado cuando el hijo de una de sus víctimas envió finalmente un informe al Emperador.

Finalmente, se descubrió que había asesinado al menos a 100 personas. Los funcionarios de la corte pidieron que Liu Pengli fuera ejecutado; sin embargo, el emperador no pudo soportar que mataran a su propio sobrino, por lo que Liu Pengli fue convertido en plebeyo y desterrado.

Ahora bien, del otro lado, en Europa del siglo XV, uno de los hombres más ricos de Europa y antiguo compañero de armas de Juana de Arco, Gilles de Rais, agredió sexualmente y mató a niños campesinos, principalmente varones, a los que había secuestrado en los pueblos de los alrededores y llevado a su castillo. Se calcula que sus víctimas fueron entre 140 y 800. La aristócrata húngara Elizabeth Báthory, nacida en una de las familias más ricas de Transilvania, supuestamente torturó y mató hasta 650 niñas y jóvenes antes de su detención en 1610.

. . .

También los miembros del culto Thuggee en la India pueden haber asesinado a un millón de personas entre 1740 y 1840. Thug Behram, miembro del culto, puede haber asesinado hasta 931 víctimas.

Un caso un poco más reciente en 1886, en el libro *Psychopathia Sexualis*, el psiquiatra Richard von Krafft-Ebing señaló el caso de un asesino en serie en la década de 1870, un francés llamado Eusebius Pieydagnelle que tenía una obsesión sexual con la sangre y confesó haber asesinado a seis personas.

Sin embargo el asesino no identificado, Jack el Destripador, es al que se le ha llamado el primer asesino en serie moderno, mató al menos a cinco mujeres, y posiblemente a más, en Londres en 1888. Fue objeto de una intensa persecución e investigación por parte de la Policía Metropolitana, durante la cual se introdujeron muchas técnicas modernas de investigación criminal. Un gran equipo de policías realizó pesquisas casa por casa, se recogió material forense y se identificó y rastreó a los sospechosos.

Tanto así que el cirujano de la policía Thomas Bond elaboró uno de los primeros perfiles de carácter del delincuente.

Los asesinatos del Destripador también marcaron un hito importante en el tratamiento del crimen por parte de los periodistas. Aunque no fue el primer asesino en serie de la historia, el caso de Jack el Destripador fue el primero en crear un frenesí mediático mundial. Los dramáticos asesinatos de mujeres económicamente indigentes en medio de la riqueza de Londres centraron la atención de los medios de comunicación en la difícil situación de los pobres urbanos y obtuvieron una cobertura mundial. Jack el Destripador también ha sido calificado como el asesino en serie más infame de todos los tiempos, y su leyenda ha generado cientos de teorías sobre su verdadera identidad y muchas obras de ficción.

H. H. Holmes fue uno de los primeros asesinos en serie modernos documentados en Estados Unidos, responsable de la muerte de al menos nueve víctimas a principios de la década de 1890. El caso adquirió notoriedad y amplia publicidad a través de relatos posiblemente sensacionalistas en los periódicos de William Randolph Hearst. Al mismo tiempo, en Francia, Joseph Vacher se dio a conocer como "El Destripador Francés" tras matar y mutilar a 11 mujeres y niños. Fue ejecutado en 1898 tras confesar sus crímenes.

. . .

La mayoría de los asesinos en serie documentados en el siglo XX son de Estados Unidos. El fenómeno de los asesinatos en serie en este país fue especialmente destacado entre 1970 y 2000, lo que se ha descrito como la "edad de oro de los asesinatos en serie". El número de asesinos en serie activos en el país alcanzó su punto máximo en 1989 y desde entonces ha experimentado una tendencia constante a la baja. La causa de este pico de asesinatos en serie se ha atribuido a la urbanización, que puso a la gente en estrecha proximidad y ofreció anonimato. El descenso del número de asesinatos en serie se ha debido al aumento del uso de la libertad condicional, a la mejora de la tecnología forense y a que la gente se comporta con más precaución.

Ahora bien, después de repasar un poco de los asesinos en serie en la historia, cabe revisar algunas de las características más comunes de los asesinos en serie:

- Pueden mostrar diversos grados de enfermedad mental o psicopatía, que pueden contribuir a su comportamiento homicida. Por ejemplo, un enfermo mental puede tener brotes psicóticos que le hacen creer que es otra persona o que se ve obligado a asesinar por otras entidades.
- El comportamiento psicopático que coincide

con los rasgos comunes a algunos asesinos en serie incluye la búsqueda de sensaciones, la falta de remordimientos o de culpa, la impulsividad, la necesidad de control y el comportamiento depredador.

- Los psicópatas pueden parecer "normales" y a menudo bastante encantadores, un estado de adaptación que el psiquiatra Hervey Cleckley denominó "máscara de cordura".
- A menudo sufrieron abusos -emocionales, físicos o sexuales- por parte de un miembro de la familia.
- Los asesinos en serie pueden ser más propensos a practicar el fetichismo, el parcialismo o la necrofilia, que son parafilias que implican una fuerte tendencia a experimentar el objeto de interés erótico casi como si fuera una representación física del cuerpo simbolizado. Los individuos se involucran en parafilias que se organizan a lo largo de un continuo; participando en diversos niveles de fantasía quizás centrándose en partes del cuerpo (parcialismo), en objetos simbólicos que sirven como extensiones físicas del cuerpo (fetichismo), o en la fisicalidad anatómica del cuerpo humano; específicamente en lo que respecta a sus partes

internas y órganos sexuales (un ejemplo es la necrofilia).
- Un número desproporcionado muestra uno, dos o los tres de la tríada de McDonald [dudoso - discutir] de predictores de futuros comportamientos violentos: Muchos están fascinados por prender fuego. Participan en actividades sádicas; especialmente en los niños que no han alcanzado la madurez sexual, esta actividad puede adoptar la forma de torturar animales. Más del 60%, o simplemente una gran proporción, moja la cama más allá de los 12 años.
- Cuando los asesinos seriales eran niños eran frecuentemente acosados o aislados socialmente. Por ejemplo, Henry Lee Lucas fue ridiculizado de niño y más tarde citó el rechazo masivo de sus compañeros como causa de su odio a todo el mundo. Kenneth Bianchi fue objeto de burlas de niño porque se orinaba en los pantalones, sufría tics, y de adolescente fue ignorado por sus compañeros.
- Algunos se vieron envueltos en delitos menores, como el fraude, el robo, el vandalismo o delitos similares.
- A menudo, tienen problemas para mantener el empleo y tienden a trabajar en empleos de

baja categoría. Sin embargo, el FBI afirma que "los asesinos en serie suelen parecer normales; tienen familia y/o un trabajo estable."

- Los estudios han sugerido que los asesinos en serie suelen tener un coeficiente intelectual medio o bajo, aunque a menudo se les describe, y se percibe, como poseedores de un coeficiente intelectual por encima de la media. Una muestra de 202 coeficientes intelectuales de asesinos en serie tenía un coeficiente intelectual medio de 89. Sin embargo, hay excepciones a estos criterios. Por ejemplo, Harold Shipman era un profesional de éxito (un médico generalista que trabajaba para el NHS). Se le consideraba un pilar de la comunidad local; incluso ganó un premio profesional por una clínica de asma para niños y fue entrevistado por el programa World in Action de Granada Television en ITV. También Dennis Nilsen, que era un ex soldado convertido en funcionario y sindicalista que no tenía antecedentes penales cuando fue detenido. Se sabe que tampoco presentaba muchos de los signos reveladores. Vlado Taneski, reportero de sucesos, era un periodista de carrera que fue capturado después de que una serie de artículos que escribió dieran pistas de que había asesinado a personas. Russell Williams era un exitoso y respetado coronel de carrera de la Real Fuerza Aérea Canadiense que fue condenado por el asesinato de dos mujeres, además de por robos fetiches y violaciones.

Los motivos de los asesinos en serie se suelen clasificar en cuatro categorías: visionarios, orientados a una misión, hedonistas y de poder o control; sin embargo, los motivos de cualquier asesino pueden mostrar un considerable solapamiento entre estas categorías.

Visionarios: Los asesinos en serie visionarios sufren rupturas psicóticas con la realidad, a veces creen que son otra persona o son obligados a asesinar por entidades como el Diablo o Dios. Los dos subgrupos más comunes son los "mandados por el demonio" y los "mandados por Dios".

Herbert Mullin creía que las bajas americanas en la guerra de Vietnam estaban impidiendo que California experimentara el Big One. Al finalizar la guerra, Mullin afirmó que su padre le ordenó por telepatía que aumentara el número de "sacrificios humanos a la naturaleza" para retrasar un terremoto catastrófico que hundiera California en el océano.

David Berkowitz ("Hijo de Sam") también puede ser un ejemplo de asesino en serie visionario, ya que afirmó que un demonio le transmitía órdenes a través del perro de su vecino y le ordenaba cometer asesinatos. Berkowitz describió posteriormente esas afirmaciones como un engaño, tal y como concluyó originalmente el psiquiatra David Abrahamsen.

Misión orientada: Los asesinos orientados a una misión suelen justificar sus actos como una forma de "librar al mundo" de ciertos tipos de personas percibidas como indeseables, como los indigentes, los ex convictos, los homosexuales, los drogadictos, las prostitutas o las personas de diferente etnia o religión; sin embargo, generalmente no son psicóticos. Algunos se ven a sí mismos como un intento de cambiar la sociedad, a menudo para curar una enfermedad social.

Un ejemplo de asesino orientado a la misión sería Joseph Paul Franklin, un supremacista blanco estadounidense que tenía como objetivo exclusivo a personas judías, birraciales y afroamericanas con el fin de incitar una "guerra racial".

. . .

Hedonista: Este tipo de asesino en serie busca emociones y obtiene placer al matar, viendo a las personas como medios imprescindibles para este objetivo. Los psicólogos forenses han identificado tres subtipos de asesino hedonista: "de lujuria", "de emoción" y "de comodidad".

De lujuria: Paul Durousseau violó y asesinó al menos a siete mujeres jóvenes.

El sexo es el motivo principal de los asesinos de la lujuria, tanto si las víctimas están muertas como si no, y la fantasía desempeña un papel importante en sus asesinatos. Su gratificación sexual depende de la cantidad de torturas y mutilaciones que practica a sus víctimas. El asesino en serie sexual tiene una necesidad psicológica de tener un control absoluto, dominio y poder sobre sus víctimas, y la inflación de la tortura, el dolor y, en última instancia, la muerte, se utiliza en un intento de satisfacer su necesidad. Suelen utilizar armas que requieren un contacto cercano con las víctimas, como cuchillos o manos. A medida que los asesinos de la lujuria continúan con sus asesinatos, el tiempo entre ellos disminuye o el nivel de estimulación requerido aumenta, a veces ambas cosas.

. . .

Kenneth Bianchi, uno de los "estranguladores de Hillside", asesinó a mujeres y niñas de diferentes edades, razas y apariencia porque sus impulsos sexuales requerían diferentes tipos de estimulación y una intensidad cada vez mayor. Jeffrey Dahmer buscaba a su amante de fantasía perfecta: hermosa, sumisa y eterna. A medida que aumentaba su deseo, experimentaba con drogas, alcohol y sexo exótico. Su creciente necesidad de estimulación quedó demostrada por el desmembramiento de las víctimas, cuyas cabezas y genitales conservaba, y por sus intentos de crear un "zombi viviente" bajo su control (vertiendo ácido en un agujero perforado en el cráneo de la víctima).

Dahmer dijo en una ocasión: "La lujuria jugó un papel importante. El control y la lujuria. Una vez que ocurrió la primera vez, parecía que tenía el control de mi vida de ahí en adelante. El asesinato era sólo un medio para conseguir un fin. Esa fue la parte menos satisfactoria. No disfrutaba haciendo eso. Por eso intenté crear zombis vivos con ácido y el taladro". Además, explicó: "Quería ver si era posible crear -de nuevo, suena muy asqueroso- zombis, personas que no tuvieran voluntad propia, sino que siguieran mis instrucciones sin oponer resistencia. Así que después de eso, empecé a utilizar la técnica de la perforación".

. . .

Experimentó con el canibalismo para "asegurarse de que sus víctimas fueran siempre una parte de él".

De emoción: El motivo principal de un asesino de emociones es inducir el dolor o el terror en sus víctimas, lo que proporciona estimulación y excitación para el asesino. Buscan el subidón de adrenalina que proporciona la caza y el asesinato de las víctimas. Los asesinos de la emoción asesinan sólo para matar; normalmente, el ataque no se prolonga y no hay ningún aspecto sexual.

Normalmente, las víctimas son desconocidas, aunque el asesino puede haberlas seguido durante un tiempo. Los asesinos de emociones pueden abstenerse de matar durante largos periodos de tiempo y tener más éxito en el asesinato a medida que refinan sus métodos de asesinato.

Muchos intentan cometer el crimen perfecto y creen que no serán atrapados.

Robert Hansen llevaba a sus víctimas a una zona aislada, donde las dejaba sueltas para luego cazarlas y matarlas.

. . .

En una de sus cartas a los periódicos de la Bahía de San Francisco, California, el Asesino del Zodiaco escribió "[matar] me proporciona la experiencia más emocionante, es incluso mejor que excitarse con una chica".] Una víctima superviviente describió a Carl Watts como "excitado e hiperactivo aplaudiendo y haciendo ruidos como si estuviera emocionado, que esto iba a ser divertido" durante el ataque de 1982. Acuchillar, apuñalar, colgar, ahogar, asfixiar y estrangular fueron algunas de las formas de matar de Watts.

De comodidad (beneficio): La ganancia material y un estilo de vida confortable son los motivos principales de los asesinos de consuelo. Normalmente, las víctimas son miembros de la familia y conocidos cercanos. Después de un asesinato, un asesino de consuelo suele esperar un periodo de tiempo antes de volver a matar para permitir que se disipen las sospechas de la familia o de las autoridades. A menudo utilizan veneno, sobre todo arsénico, para matar a sus víctimas. Los asesinos en serie femeninos suelen ser asesinos de consuelo, aunque no todos los asesinos de consuelo son mujeres.

Dorothea Puente mataba a sus inquilinos por sus cheques de la Seguridad Social y los enterraba en el patio trasero de su casa. H. H. Holmes mataba por los beneficios de los seguros y los negocios. Puente y Holmes tenían antecedentes por delitos como robo, fraude, impago de deudas, malversación de fondos y otros de naturaleza similar. Dorothea Puente fue finalmente detenida por violación de la libertad condicional, ya que estaba en libertad condicional por una condena anterior por fraude.

Los asesinos a sueldo ("sicarios") pueden mostrar rasgos de asesinos en serie, pero generalmente no se clasifican como tales debido a los objetivos de asesinato de terceros y a los incentivos financieros y emocionales independientes. No obstante, ocasionalmente hay individuos que son etiquetados como sicarios y asesinos en serie.

De poder/control: El objetivo principal de este tipo de asesino en serie es ganar y ejercer poder sobre su víctima.

A veces, estos asesinos son víctimas de abusos en su infancia, lo que les hace sentirse impotentes e inadecuados cuando son adultos. Muchos asesinos motivados por el poder o el control abusan sexualmente de sus víctimas, pero se diferencian de los asesinos hedonistas en que la violación no está motivada por la lujuria (como ocurriría con un asesinato por lujuria) sino simplemente como otra forma de dominar a la víctima.

Ted Bundy es un ejemplo de asesino en serie orientado al poder/control. Viajaba por todo Estados Unidos buscando mujeres para controlarlas.

Influencias de los medios de comunicación: Muchos asesinos en serie afirman que una cultura violenta les influyó para cometer asesinatos. Durante su última entrevista, Ted Bundy declaró que la pornografía dura era la responsable de sus actos. Otros idolatran a figuras por sus hazañas o perciben la justicia por mano propia, como Peter Kürten, que idolatraba a Jack el Destripador, o John Wayne Gacy y Ed Kemper, que idolatraban al actor John Wayne.

Los asesinos que tienen un fuerte deseo de fama o de ser reconocidos por sus acciones desean la atención de los medios de comunicación como una forma de validar y difundir sus crímenes; el miedo también es un componente aquí, ya que algunos asesinos en serie disfrutan causando miedo. Un ejemplo es Dennis Rader, que buscó la atención de la prensa durante su ola de asesinatos.

2

H.H Holmes, el primer asesino en serie estadounidense

Es un día ventoso en Filadelfia, tanto que las corbatas de los hombres se revuelven como si fueran peces y las mujeres buscan cintas para el pelo en el fondo de sus abarrotados bolsillos. No hace frío, pero la gente se apresura como si estuviera en una ventisca, sorprendida por las brisas que doblan los troncos de los árboles y hacen que los semáforos se tambaleen. Es un día extraño y surrealista, nublado y tranquilo. La gente se va a casa temprano. Los conductores dejan de tocar el claxon a los ciclistas que generalmente desprecian. Un anciano le dice a una joven: "Hace viento, ¿verdad?" y ella sonríe en lugar de fruncir el ceño.

En un día así casi se puede imaginar cómo habría sido Filadelfia en 1895: menos poblada, menos congestionada, una ciudad más amigable en una época más amigable, cuando la gente asentía cortésmente al pasar y era lo suficientemente ingenua como para creer que ciertas cosas no eran posibles: cosas como los asesinatos en serie.

En el 1316 de la calle Callowhill, donde el asesino H.H. Holmes y su socio Ben Pitezel montaron una falsa oficina de patentes, hay ahora un aparcamiento que se extiende a lo largo de la manzana. Al otro lado de la calle, donde se encuentra el robusto edificio North American, solía haber una estación del ferrocarril de Filadelfia y Reading.

Si se le pregunta al empleado cuál es la dirección del aparcamiento -o si sabe dónde habría estado el 1316 de Callowhill-, echa una mirada de soslayo a los coches, como si pudieran saber algo. Luego se encoge de hombros. "No tenemos una dirección aquí", dice en un inglés muy acentuado. "¿Tal vez vayan por ahí?".

Señala hacia el edificio que alberga The Philadelphia Inquirer -el periódico que cubrió con frenesí el juicio de Holmes- y luego se apresura a apartarse del viento y volver a su cabina de plexiglás.

. . .

Bajando por Callowhill, tratando de encontrar restos del pasado de Holmes, está la Agencia de Detectives Miller, en el 309 de la calle 13, un pequeño y extraño local con un cartel al estilo de los años 40 que parece surgir de la nada, y que evoca imágenes de Humphrey Bogart y detectives gumshoe que fuman cigarrillos.

Si se atraviesa un túnel con olor a orina entre la 11 y la 12, se encuentra el J & J Trestle Inn, que sobresale de un edificio en ruinas en una esquina desierta. La vieja letra del cartel que anuncia a las gogos te transporta a una época indefinida: podrían ser los años 50 o los 70. En cualquier caso, el edificio está recubierto de un barniz sórdido.

Este es un extraño barrio a medias, lleno de edificios abandonados, entre Chinatown y la pobreza del norte de Filadelfia. Pero cuando H.H. Holmes recorría estas calles, la ciudad era muy diferente.

A principios del siglo XIX, Filadelfia era la ciudad más grande y rica del país. Donde otras ciudades tenían chozas de madera y calles de tierra, Filadelfia tenía edificios de mármol blanco y calles adoquinadas con mucho tráfico de caballos y carros.

No sólo era el centro de la vida política de la nueva nación. Era la cumbre de la moda y la alta sociedad.

A finales del siglo XIX, el estatus de grandeza de Filadelfia había evolucionado aún más, con la mayor población de afroamericanos del Norte, y pintores como Thomas Eakins forjando un vínculo entre esta ciudad y París. El Ayuntamiento, ese opulento ejemplo de arquitectura francesa del Segundo Imperio, fue coronado con una estatua de William Penn en 1894, como para cimentar su grandeza. Filadelfia era tan respetada que una empresa eligió el nombre de la ciudad para dar sofisticación culinaria a su crema de queso.

Pero el brillo de la ciudad disminuyó en los últimos años del siglo. El poder político se trasladó a Washington y el poder cultural se desplazó hacia Nueva York. Filadelfia se convirtió en una ciudad industrial, y con esa industria llegaron la suciedad, las multitudes y el crimen. Fue esta Filadelfia, mitad símbolo brillante, mitad territorio pionero mugriento, la que invadió H. H. Holmes, aprovechando la confusión que generaba una ciudad al borde del abismo.

. . .

Romantizar el pasado es fácil. Lo mismo puede decirse de los criminales, que, independientemente de sus pecados, nos fascinan. Si se le pregunta al ciudadano de a pie por el nombre del presidente de China, no podrá evitarlo. Pero pregunta por los asesinos en serie, y los nombres vendrán rápidamente: Ted Bundy. Jeffrey Dahmer. El hijo de Sam. El estrangulador de Boston.

La mayoría de los asesinos en serie son psicópatas.

Tienden a compartir ciertas características clave. Son manipuladores, fríos y carecen de lo que podríamos llamar una brújula moral: saben distinguir el bien del mal, pero no les interesa esa distinción. Lo único que les preocupa de su comportamiento "incorrecto" es que les pillen, pero como son engañosos, insensibles y no están sujetos a la ansiedad, eluden fácilmente la captura.

H.H. Holmes fue, en este sentido, un asesino en serie modelo. Antes de ser finalmente ejecutado en Filadelfia, se cree que había matado al menos a 100 personas. Las estimaciones populares de la época situaban el número de víctimas en 200.

. . .

Holmes nació como Herman Webster Mudgett en el pequeño pueblo de Gilmanton, N.H., en mayo de 1861.

Si Mudgett o su hermano o hermana se portaban mal, sus estrictos padres metodistas los enviaban al ático durante un día entero sin hablar ni comer. El padre de Mudgett era especialmente abusivo cuando había bebido, lo que ocurría a menudo.

Mudgett fue curiosamente desapegado desde el principio.

Ataca a los animales en el bosque y los disecciona mientras están vivos. Y no tenía amigos: el único que tenía murió mientras ambos jugaban. A pesar de su extraña educación -y de la distancia que mantenía con los demás niños, que lo encontraban arrogante- se convirtió en un joven imponente. Era pulido, brillante y guapo, y se le daba bien hacer que la gente se sintiera especial. A los 16 años se fue de casa, se hizo profesor y engatusó a una joven para que se casara con él. A los 19 años estudió medicina y dejó a su mujer.

En la década de 1880, Mudgett -ahora Holmes- llegó a Filadelfia.

Consiguió un trabajo como "guardián" en el manicomio de Norristown, que ahora es el Hospital Estatal de Norristown. La experiencia le horrorizó, así que en su lugar aceptó un puesto en una farmacia. Tras la muerte de un cliente que tomaba la medicina que él dispensaba, abandonó la ciudad.

Su carrera delictiva se aceleró en Englewood, Illinois, a las afueras de Chicago, donde trabajó como farmacéutico e impresionó a la gente no sólo por sus conocimientos médicos sino por su poder sobre las mujeres, que acudían a la tienda sólo para coquetear con él. La propietaria de la farmacia se la vendió a Holmes después de la muerte de su marido, pero nunca vio ningún dinero de Holmes.

Cuando presentó una demanda, Holmes dijo que había ido a ver a su familia a California. Nunca más se supo de ella.

Aunque se cree que Holmes mató a gente por todo el país, el "Castillo" que construyó en Englewood fue la culminación de todos sus deseos asesinos, y un palacio de placer para el psicópata en ciernes.

· · ·

Holmes construyó el Castillo en el solar vacío frente a la farmacia en el otoño de 1888, el mismo año en que Jack el Destripador empezó a matar mujeres en Londres.

Holmes fue el arquitecto, y cuando el edificio estuvo terminado dos años después, lo comercializó como casa de huéspedes para mujeres jóvenes y solteras que visitaban Chicago o venían de pueblos vecinos en busca de una vida mejor. Hasta 50 de las mujeres que llegaron al Castillo durante la Feria Mundial nunca se fueron.

El Inquirer publicó su confesión, en la que sólo mencionaba a 27 víctimas, pero revelaba algunos de sus métodos. Antes de matar a muchas de las víctimas, les pedía que escribieran cartas a sus familiares o amigos explicando que se habían ido para que no se notara su ausencia. A dos mujeres, una de ellas embarazada, les dijo que si escribían las cartas, quedarían libres. Pero en cuanto firmaron las cartas, Holmes las mató.

En su confesión, escribió: "Fueron muertes especialmente tristes, tanto porque las víctimas eran mujeres excepcionalmente rectas y virtuosas como porque la señora Sarah Cook, de haber vivido, habría sido pronto madre".

. . .

Como era una casa de huéspedes, el Castillo tenía una sala de recepción, una sala de espera y varias habitaciones para los residentes. Aparte de éstas y de algunos pasillos, la casa estaba compuesta por cámaras secretas, trampillas, laboratorios ocultos y habitaciones dedicadas a matar gente.

Una de ellas, que los medios de comunicación bautizaron como "la Bóveda", era una habitación con paredes de hierro y chorros de gas que Holmes controlaba desde su dormitorio. Había un montacargas para bajar cadáveres y una "cámara de ahorcamiento". Tenía un potro de tortura medieval en el sótano, y un conducto engrasado que iba del techo al sótano para poder tirar los cadáveres.

Tenía un laberinto por el que enviaba a sus víctimas y una aterradora "habitación ciega".

Varias habitaciones eran herméticas y sin ventanas, una de ellas con placas de hierro, otra forrada de amianto.

Había una cámara de asfixia con chorros de gas que podían convertirse en sopletes, quizás para asar a la gente viva.

Cuando la policía inspeccionó el castillo después de que Holmes estuviera en la cárcel, quedó horrorizada. Era increíble... para cualquier siglo, pero especialmente para el 1800.

Había marcas de garras en las paredes de la Bóveda de gente que había intentado escapar. En el sótano había una mesa de disección manchada de sangre e instrumentos quirúrgicos. Había una cuba de ácido con huesos humanos dentro, y pilas de cal viva, de una de las cuales salió un vestido de niña. Había una enorme estufa para quemar cadáveres, y un tubo con pelo humano.

Encontraron cráneos humanos, un omóplato, costillas, una cavidad de la cadera y otros innumerables restos. También encontraron -quizá lo más inquietante- las pertenencias de las víctimas de Holmes: relojes, botones, fotografías, zapatos de mujer medio quemados.

El único consuelo que tenían los inspectores mientras recorrían el edificio era que Holmes ya estaba detenido en la prisión de Moyamensing, en Filadelfia. Pero la historia estaba lejos de terminar.

. . .

La historia de H. H. Holmes ya se ha contado antes. Fue contada por el detective de Filadelfia Frank Geyer en su libro escrito inmediatamente después del caso. Fue contada en la transcripción del juicio. Fue objeto del exhaustivo libro de crímenes reales Depraved, de Harold Schecter, y apareció en la obra de Erik Larson *The Devil in the White City*, que yuxtapone los crímenes de Holmes en Chicago con la historia de la Feria Mundial de Chicago.

Se contó en los medios de comunicación de la época y también se cuenta -aunque no a muchos- en el documental de John Borowski *H.H. Holmes: America's First Serial Killer*. Tanto Tom Cruise como Leonardo DiCaprio trabajaron en proyectos sobre Holmes.

A pesar de ser el primer asesino en serie de Estados Unidos, Holmes apenas es un nombre conocido, y hasta ahora no hemos tenido ningún registro visual popular de sus crímenes. Pero llega la novela gráfica de Rick Geary *The Beast of Chicago: The Murderous Career of H.H. Holmes*, la sexta de su serie de novelas gráficas sobre asesinatos del siglo XIX.

Durante los años del Castillo, Holmes adquirió una segunda esposa -aunque no estaba divorciado de la primera- y siguió con otros enredos románticos. Si no se resolvían a su gusto, o si una novia se volvía demasiado necesitada, la mujer en cuestión desaparecía.

Una de sus relaciones fue con Minnie Williams, que era una heredera de Texas. La hermana de Minnie, Nannie, vino de visita para la Exposición, pero ambas desaparecieron en 1893. Los detectives encontraron más tarde la huella de Nannie en la bóveda, que Holmes admitió que fue hecha "en las violentas luchas antes de su muerte". El testamento de Minnie dejaba todo en manos del asistente personal de Holmes, Benjamin Pitezel, que vivía cerca con su mujer y sus cuatro hijos.

Cuando Holmes y Pitezel fueron a Texas para intentar cobrar el testamento de Minnie, estuvieron a punto de ser detenidos, por lo que abandonaron la ciudad. Holmes fue detenido poco después en San Luis por robar en una farmacia, pero fue liberado poco después.

Por razones desconocidas, Holmes eligió Filadelfia como lugar para su siguiente aventura. Aseguró a Pitezel por 10.000 dólares y puso como beneficiaria a la esposa de Pitezel, Carrie, que se había quedado en San Luis.

. . .

El plan era fingir la muerte de Pitezel, cobrar el dinero de la compañía de seguros y repartir los beneficios entre ambos.

Instaló a Pitezel en un falso concesionario de patentes en el 1316 de la calle Callowhill, que estaba justo enfrente de la morgue de la ciudad. Pitezel colgó una hoja de muselina en la que se leía "BF PERRY PATENTS BOUGHT AND SOLD" fuera del edificio para que pareciera legítimo. (Holmes tenía un apartamento en el 1905 de la calle 11, que ahora está en el campus principal de Temple).

Un carpintero en busca de patentes llamado Eugene Smith acudió a la oficina un día de septiembre de 1894 en busca del hombre que suponía se llamaba Perry. No había nadie, pero la puerta estaba abierta. El caso *Holmes-Pitezel: A History of the Greatest Crime of the Century*, del detective Geyer, dice que Smith "gritó" varias veces pero no obtuvo respuesta.

Cuando Smith subió las escaleras, escribe Geyer, "su mirada se encontró con una visión que le heló la sangre". Era un hombre tumbado de espaldas, con la cara "desfigurada hasta lo irreconocible por la descomposición y las quemaduras".

Parecía que había habido algún tipo de explosión, y el cuerpo rígido estaba chamuscado en un lado, incluyendo la mitad del bigote. Había, según el libro de Geyer, "una cantidad considerable de líquido" que se extendía a lo largo de más de 30 centímetros alrededor del cuerpo.

La única persona que conocía la verdadera identidad del cadáver era H.H. Holmes, y estuvo más que feliz de presentarse para identificarlo como el de Ben Pitezel.

Incluso trajo a la hija de Pitezel, Alice, desde San Luis para sellar el trato. La esposa de Pitezel, Carrie, seguía creyendo que todo era un plan, y que Ben se escondía y la esperaba.

En su confesión, Holmes dijo que había estado planeando matar a Pitezel desde el momento en que lo conoció, y que todo lo que hizo con el hombre, durante siete años, condujo a ese mismo momento. Tal inversión a largo plazo, escribió Holmes, "proporciona una ilustración muy sorprendente de los caprichos en los que la mente humana, bajo ciertas circunstancias, se complace", y compara la anticipación del asesinato de Pitezel con "la búsqueda de un tesoro enterrado al final del arco iris".

. . .

La realidad de la muerte de Pitezel fue mucho peor de lo que vio Eugene Smith. Holmes escribió en su confesión que fue al 1316 de Callowhill y encontró a Pitezel borracho y desmayado, como esperaba. (Holmes había falsificado antes una serie de cartas hirientes de la esposa de Pitezel, lo que provocó que Pitezel empezara a beber, todo parte del plan). Ató las manos y los pies de Pitezel, y luego escribió: "Procedí a quemarlo vivo saturando su ropa y su cara con bencina y encendiéndola con una cerilla". Tan horrible fue esta tortura que al escribir sobre ella he estado tentado de atribuir su muerte a algún medio humano, no con el deseo de ahorrarme nada, sino porque temo que no se crea que se pueda ser tan desalmado y depravado."

Después de reunir el dinero, Holmes fue a St. Louis y convenció a la viuda de Pitezel para que también pasara desapercibida. Se ofreció a colocar a sus hijos con su prima, a la que llamaba "Minnie Williams", hasta que ella y Ben pudieran salir de su escondite.

Geary escribe: "Gracias a los inimaginables poderes de persuasión del hombre, Carrie accedió a entregar a otros dos de sus hijos". No había ninguna razón pragmática para que Holmes se llevara a los niños.

· · ·

Pero como escribió en su confesión, eligió a Pitezel como víctima "incluso antes de saber que tenía una familia que más tarde me proporcionaría víctimas adicionales para la gratificación de mi sed de sangre".

Y así comenzó el horrible viaje de Alice, Nellie y Howard Pitezel.

Carta a Carrie Pitezel de Alice Pitezel, fechada el 20 de septiembre de 1894:

Acabo de llegar a Filadelfia esta mañana ... Voy a la Morgue después de un tiempo ... Paramos en Washington, Md., esta mañana, y ya van seis veces que nos cambiamos a diferentes coches ... El Sr. H dice que voy a tener un paseo en el océano. Me gustaría que pudieras ver lo que yo he visto. He visto más paisajes que los que he visto desde que nací ... Será mejor que no me escribas aquí, porque el Sr. H. dice que tal vez me vaya mañana.

Carta a Carrie Pitezel de Alice Pitezel, fechada el 21 de septiembre de 1894:

. . .

"Tengo que escribir todo el tiempo para pasar el tiempo ... Mamá, ¿has visto o probado alguna vez un plátano rojo? Yo he comido tres. Son tan grandes que puedo rodearlos con el pulgar y el siguiente dedo. Todavía no tengo zapatos y tengo que ir cojeando todo el tiempo. ¿Han recibido 4 cartas mías además de esta? ... Me gustaría tener noticias tuyas... No tengo más que dos prendas limpias y son una camisa y mi falda blanca. He visto algunas de las rocas sólidas más grandes que apuesto a que nunca has visto. He cruzado el río Patomac". Hotel Imperial, 11º, sobre la calle Market, Hendricks y Scott, Propr's

Estas cartas, y otras similares, nunca fueron enviadas. Holmes las guardaba en una caja de lata, "las almacenaba", escribe Larson en *Devil in the White City*, "como si fueran conchas marinas recogidas en una playa". Arrastraba a los niños de ciudad en ciudad para completar diversos planes, y a veces los llevaba al zoo, sobre lo que Alice escribía a su madre. No importaba lo que hicieran juntos, el resultado iba a ser el mismo: Holmes mataría a los tres niños Pitezel.

En junio de 1895, la Fidelity Mutual Life Association, cerca de la 23 y la avenida Fairmount, sospechaba de Holmes.

¿No había emitido el estómago de Pitezel un olor a cloroformo cuando se realizó la autopsia? ¿Y eso no sugería un juego sucio?

La Fidelity contrató a la Agencia Nacional de Detectives Pinkerton para averiguar si Holmes había fingido la muerte de Pitezel o simplemente lo había matado.

Cuando determinaron que era esto último, los Pinkerton persiguieron a Holmes hasta Boston y lo arrestaron. Lo llevaron a la prisión Moyamensing de Filadelfia, en las calles 10 y Reed, donde ocupaba una celda de 9 por 14 pies.

Larson escribe: "La construcción en piedra de la prisión ayudaba a mitigar el calor extremo que se había instalado en la ciudad y en gran parte del país, pero nada podía evitar la humedad por la que Filadelfia era famosa. Se pegaba a Holmes y a sus compañeros de prisión como un manto de lana húmeda". Algunas cosas nunca cambian.

Pero Holmes estaba bien atendido. Los guardias le dejaban leer el periódico, llevar su propia ropa y conseguir comida del exterior.

La amistad de Holmes con sus carceleros era un ejemplo más de su encanto y manipulación.

La ciudad de Filadelfia tenía más preocupaciones que el alojamiento de Holmes. ¿Dónde estaban, por ejemplo, los hijos de Carrie Pitezel, a los que no se había visto ni oído desde que los confió al cuidado de Holmes? Holmes mantenía que los niños estaban vivos, y mantuvo la farsa incluso en documentos privados.

El detective Frank Geyer fue asignado para encontrar a los niños. Geyer escribió sobre sí mismo en tercera persona en su libro: "Había sido durante 20 años un miembro estimado y de confianza de la Oficina de Detectives de Filadelfia. Había tenido una vasta experiencia en el trabajo de detective, y más particularmente en los casos de asesinato, y gozaba justamente de la amistad y la confianza del fiscal del distrito."

Larson lo expresa de otra manera: "[Geyer] conocía el asesinato y sus patrones invariables. Los maridos mataban a las esposas, las esposas a los maridos y los pobres se mataban entre sí, siempre por los motivos habituales de dinero, celos, pasión y amor.

. . .

Rara vez un asesinato incluía los elementos misteriosos de las novelas de diez centavos o de las historias de Sir Arthur Conan Doyle". Cuando terminó el juicio, Geyer era conocido en todo el país como el Sherlock Holmes de Estados Unidos.

Utilizando la escasa información geográfica que le proporcionaban las cartas de los niños, Geyer recorrió tren tras tren ciudades de todo el país, llegando incluso a Toronto, donde él y un compañero de investigación encontraron los cuerpos de Alice y Nellie Pitezel, que habían sido enterrados en un sótano. Nellie no tenía los pies; Holmes se los había cortado para que la policía no pudiera identificarla por su pie zambo. Las había matado metiendo a las dos chicas en un gran baúl, haciéndole un agujero y dejando escapar el gas de la lámpara dentro del baúl. Cuando llamaron a Carrie Pitezel para que identificara los cadáveres de sus hijas, lo único que quedaba de Nellie era su gruesa trenza negra. El resto del cuerpo se había descompuesto.

Semanas más tarde, Geyer -que calificaba a Holmes de "verdadero artista de la picaresca"- encontró el cadáver de Howard Pitezel en Indianápolis, donde Holmes lo había estrangulado, descuartizado y quemado los restos en una gran estufa. Encontrar a Howard fue el trágico final de la misión de Geyer.

En su libro, Geyer escribió sobre el momento del descubrimiento de Howard Pitezel: "Todo el trabajo, todos los días y semanas de viaje, el trabajo y el viaje en los meses más calurosos del año, alternando entre la fe y la esperanza, y el desánimo y la desesperación, todo fue recompensado en ese momento".

La prisión de Moyamensing, en las calles 10 y Reed, fue una vez un enorme edificio con torretas que se elevaba sobre la ciudad como una nube oscura. Ahora, al ir a la 10ª y Reed, la prisión se ha convertido en un Acme. En las otras esquinas de esa misma calle hay un CVS, un Colonial Village y la legendaria Triangle Tavern. La avenida Passyunk y las brillantes luces de Geno's y Pat's centellean en la distancia, y la gente cierra las puertas de los coches en los grandes aparcamientos.

De pie en ese cruce de caminos de la Filadelfia del siglo XXI, se necesita una imaginación audaz para conjurar viejos fantasmas.

. . .

La calle está pintada ahora con gruesas rayas amarillas, y los coches de caballos se han convertido en Volkswagens y Fords. Los toldos que antes se rompían con el viento son ahora carteles de neón.

Pero algunas cosas siguen siendo las mismas. Cuando Holmes fue encarcelado aquí, tal vez entre la sección de productos y el detergente para la ropa, fue para el insoportable placer de los medios de comunicación de Filadelfia. A medida que el caso se iba desenredando poco a poco, con las revelaciones del detective Geyer cada día, la prensa local se lanzaba al frenesí para conseguir la mejor cobertura.

Cuando el cuerpo de Pitezel fue desenterrado una vez más del Cementerio de Mecánicos Americanos en la 22ª y Diamond en septiembre de 1895, el periódico dio lo que denominó "UNA GRUESA HISTORIA", incluyendo el próximo plan para que Carrie Pitezel identificara los dientes de su marido. "El Dr. Sidebothom hervirá la cabeza [de Pitezel] y quitará lo que queda de la carne podrida.

Luego blanqueará y articulará el cráneo, teniendo mucho cuidado de mantener los dientes en sus posiciones originales. La cabeza será entonces montada y entregada al fiscal Graham ... Cuando la Sra. Pitezel... llegue a la ciudad se le mostrará la cabeza, y si puede identificarla por los peculiares dientes de su marido, se añadirá otro fuerte eslabón a la cadena de pruebas que poco a poco se va cerrando en torno a H.H. Holmes."

Los detalles proporcionados eran siempre muy elaborados. Cada movimiento de Geyer, cada palabra de Holmes, cada diente presentado para su identificación se convirtió en objeto de gruesas columnas de laboriosa prosa.

En marzo de 1896 el Tribunal Supremo denegó la petición de Holmes de un nuevo juicio, y fue condenado a muerte por los asesinatos de Pitezel y sus hijos. Los otros asesinatos -en el Castillo y en otros lugares- ni siquiera fueron perseguidos; las fuerzas del orden sólo querían a Holmes muerto. El *Inquirer* puso varios titulares y subtítulos al artículo que anunciaba este éxito, como era habitual en la época: "LA CONDENA DE HOLMES ESTÁ FIJADA". "DEBE PAGAR LA PENA". "EL TRISTE ENCARGO DEL ABOGADO ROTAN". "AL OÍR LA NOTICIA EL ASESINO CASI PIERDE SU GRAN AUTOCONTROL".

. . .

El periódico publicó una declaración preparada por el fiscal del distrito, así como una disección en profundidad de la opinión legal.

Si los editores del *Inquirer* pensaban que tenían una buena historia con el caso de Holmes en curso, perdieron todo el autocontrol cuando decidió publicar su confesión con ellos. En el número del 10 de abril de 1896, promocionaron la confesión con enormes anuncios y titulares: "El más temible y horrible asesino jamás conocido en los anales del crimen. Su confesión fue escrita exclusivamente para el INQUIRER del próximo domingo. La historia más notable de asesinato y villanía inhumana jamás hecha pública. LA CONVICCIÓN ESTÁ EN CADA LÍNEA. La única manera de describirlo es decir que fue escrito por el propio Satanás o uno de sus monstruos elegidos".

Otros anuncios para la edición del próximo domingo se centraban en el dominio del *Inquirer* en el mercado de los medios de comunicación: "La confesión original de Holmes ha sido asegurada por el *Inquirer* y ahora yace encerrada en la caja fuerte de la oficina del *Inquirer*.

· · ·

Ningún otro periódico puede conseguirla. Ningún otro periódico puede publicarla. No se pierda este capítulo exclusivo de los crímenes de un siglo. La única manera de conseguirlo es leer el INQUIRER del próximo domingo".

Cuando finalmente apareció la confesión, ocupó más de cuatro páginas completas del periódico, incluyendo ilustraciones de la casa de la calle Callowhill, de Holmes asesinando a las chicas Pitezel en el baúl, de Holmes cerrando la Bóveda, de la casa de campo donde fue asesinado Howard Pitezel, así como dibujos de todo el clan Pitezel y un plano del Castillo.

El día anterior a la aparición de la confesión, hubo otro artículo en primera plana sobre Holmes, este titulado "HOLMES SE ALEGRÓ". "CÓMO HA PASADO EL DÍA". "Su mente descansa por su confesión a través del Inquirer". Mientras tanto, publicaron la triste saga en curso de Carrie Pitezel, que tenía mala salud, no tenía dinero y dependía de la costura y de sus padres para salir adelante.

En el mes anterior a la ejecución de Holmes en Moyamensing, la prensa empezó a perder lentamente el interés por el famoso prisionero.

El miércoles anterior al ahorcamiento, publicó un artículo interior con un pequeño titular titulado "EN LA SOMBRA DE LA MUERTE", con una burda ilustración de un guardia sentado y observando a Holmes en su celda. Aunque el periódico imprimió una carta de Holmes a Carrie a través de su abogado de Filadelfia en la que declaraba su inocencia, el artículo, comparativamente corto, se situó entre un anuncio sobre medicina homeopática y un artículo sobre una carrera entre dos remolcadores de Delaware.

El día de la muerte de Holmes, el 7 de mayo de 1896, una gran multitud acudió a la ejecución. Los espectadores tuvieron que ser rechazados por filas de policías. El *Inquirer* escribió, muy elocuentemente, "Hubo una buena cantidad de brutalidad de fin de siecle en la multitud. No había nada que pudieran ver, salvo los altos muros prohibitivos. No había nada que pudieran oír. Sin embargo, todos parecían atraídos por una fascinación morbosa. Las bromas gruesas iban de boca en boca mientras la multitud iba de un lado a otro".

Era un pandemónium. Se concedió un cierto número de entradas para la ejecución, pero el doble entró por la fuerza.

. . .

Cuando Holmes comenzó a hablar mientras estaba en la horca, la multitud enmudeció. Hizo una breve declaración negando haber matado a Pitezel o a sus hijos. Al verdugo le temblaron las manos, y Holmes le tranquilizó diciendo -con encanto, como siempre-: "Tómese su tiempo, viejo".

"La muerte fue realmente misericordiosa con el hombre que en su vida había mostrado tan poca piedad", rezaba el relato del *Inquirer* publicado el mismo día. "Durante unos minutos hubo un débil latido del pulso, pero el moribundo no sintió ningún dolor. Con el lanzamiento de la trampa, se le había roto el cuello".

Después de la ejecución, Carrie Pitezel dijo a un reportero del *Inquirer*: "Sí, es un alivio para mí saber que no logró escapar de la horca. Sin embargo, eso no me devuelve a mi marido y a mis pobres hijos". Seguramente, si las familias de las muchas otras víctimas de Holmes pudieran hablar, dirían lo mismo.

Es otro día de viento en Filadelfia. El sol se asoma entre las oscuras nubes.

. . .

En un barrio con calles muy concurridas, niños persiguiéndose por las aceras, tiendas con música a todo volumen y autobuses que pasan de largo, el cementerio de la Santa Cruz de Yeadon parece una pequeña y tranquila ciudad en sí misma. Sus tumbas están en líneas rectas, y muchas están marcadas por tumbas altísimas y extravagantes. Uno de los edificios se parece al antiguo Merchants' Exchange Building de las calles Third y Walnut, y si miras dentro de algunas de las ventanas de las tumbas, verás crucifijos dorados, vidrieras de colores y retratos familiares.

En una tumba hay una estatua de un ángel, con sus alas como paréntesis alrededor del cuerpo. En su mano sostiene una rosa rosa marchita que alguien colocó entre sus dedos de piedra. Las personas enterradas aquí son en su mayoría italianas e irlandesas, con nombres como Spatiola, Nardi y Toland. Algunas de las lápidas cuentan historias, como la de unos gemelos que murieron a los 5 años. Muy a menudo, un marido muere sólo un par de meses después de su esposa. Si eres de una determinada tendencia, supondrás que murió de desamor.

En el cementerio de la Santa Cruz también está enterrado H.H. Holmes -ahora Herman Mudgett-.

. . .

Tras su conversión al catolicismo en la cárcel -durante la cual afirmó que era el diablo- pidió ser enterrado aquí, en esta espaciosa y arbolada miniciudad.

Antes de su muerte, su cuerpo fue objeto de debate. El Instituto Wistar quería comprar su cerebro, pero Holmes no lo permitió. Cuando murió, el empresario de pompas fúnebres -siguiendo las órdenes de Holmes- llenó su ataúd de cemento, introdujo su cuerpo y lo cubrió con más cemento. En Holy Cross, el ataúd se hundió tres metros en la tierra y se cubrió con más cemento.

No hay lápida, y el lugar donde está enterrado es ahora un gran parche de hierba. Aunque la intención de Holmes era evitar que su cuerpo fuera desenterrado, esta falta de atención le proporcionó algo más: el anonimato.

Sin ninguna marca en su tumba, y con el comienzo de un nuevo siglo, Holmes y sus crímenes fueron desapareciendo poco a poco en los anales de la historia. Encontrar su tumba ahora es como un macabro juego de salón.

También están enterrados en Holy Cross varios mafiosos de Filadelfia: Angelo Bruno, Antonio Pollina (que una vez intentó matar a Bruno), Salvatore "Chicken Man" Testa y Michael Maggio. Sus tumbas están marcadas, y la gente siente cierta emoción cuando ve las lápidas de estos malvados -y carismáticos- hombres.

Cuando los aficionados a la mafia recorren la hierba con sus mapas de cementerios en busca de la discreta elegancia de la lápida de Bruno, sus pies pueden caer sobre un bloque de cemento que cubre al mayor criminal del siglo XIX y al primer asesino en serie de Estados Unidos. Sin embargo, nunca lo sabrán.

El detective Frank Geyer, en El caso Holmes-Pitezel, utiliza una cita no atribuida para terminar el capítulo sobre el descubrimiento del cuerpo de Howard Pitezel: "La verdad, como el sol, se somete a ser oscurecida, pero como el sol, sólo por un tiempo". Pero el sol -incluso en el frondoso festín del cementerio de la Santa Cruz- siempre se pone.

3

Wayne Williams, el infanticida de Atlanta

La curiosa y controvertida cadena de muertes que desencadenó un reino de terror de dos años en Atlanta, Georgia, ha sido etiquetada como asesinatos de "niños", a pesar de que un sospechoso, al que finalmente se le atribuyó la autoría de 23 de los 30 homicidios, sólo fue condenado por las muertes de dos ex convictos adultos. Hoy, casi una década después de la detención de ese sospechoso, el caso sigue siendo, para muchos, un misterio sin resolver.

La investigación del caso comenzó, oficialmente, el 28 de julio de 1979. Aquella tarde, una mujer que buscaba latas y botellas vacías en Atlanta tropezó con un par de cadáveres, ocultos por descuido en la maleza de la carretera.

. . .

Una de las víctimas, disparada con un arma del calibre 22, fue identificada como Edward Smith, de 14 años, cuya desaparición se había denunciado el 21 de julio. El otro era Alfred Evans, de 13 años, visto por última vez con vida el 25 de julio. El forense atribuyó su muerte a una "probable" asfixia. Ambos chicos muertos, como todos los que vendrán, eran negros.

El 4 de septiembre, Milton Harvey, de 14 años, desapareció durante un paseo en bicicleta por el barrio. Su cuerpo fue recuperado tres semanas después, pero la causa de la muerte sigue siendo oficialmente "desconocida". Yusef Bell, de 9 años, fue visto por última vez con vida cuando su madre lo envió a la tienda el 21 de octubre. Encontrado muerto en una escuela abandonada el 8 de noviembre, había sido estrangulado manualmente por un potente agresor.

Angel Lenair, de 12 años, fue la primera víctima reconocida de 1980. Denunciada como desaparecida el 4 de marzo, fue encontrada seis días después, atada a un árbol y con las manos atadas a la espalda. La primera víctima femenina, había sido abusada sexualmente y estrangulada con un cable eléctrico; se le extrajeron las bragas de otra persona. El 11 de marzo, Jeffrey Mathis desapareció en un recado a la tienda.

Pasarían once meses antes de que se recuperaran sus restos óseos, la avanzada descomposición descartó una declaración sobre la causa de la muerte.

El 18 de mayo, Eric Middlebrooks, de 14 años, salió de su casa tras recibir una llamada telefónica de personas desconocidas. Encontrado al día siguiente, su muerte se atribuyó a heridas en la cabeza, infligidas con un instrumento contundente.

El terror se intensificó en verano. El 9 de junio, Christopher Richardson, de 12 años, desapareció de camino a una piscina del barrio. Latonya Wilson fue secuestrada en su casa el 22 de junio, la noche antes de su séptimo cumpleaños, lo que llevó a los agentes federales a investigar el caso.

Al día siguiente, su familia denunció la desaparición de Aaron Wyche, de 10 años. Los buscadores encontraron su cuerpo el 24 de junio, tendido bajo un caballete de ferrocarril, con el cuello roto. La muerte de Aaron, que en un principio se consideró un accidente, se añadió posteriormente a la creciente lista de negros muertos y desaparecidos.

. . .

Anthony Carter, de 9 años, desapareció mientras jugaba cerca de su casa el 6 de julio de 1980; recuperado al día siguiente, estaba muerto por múltiples puñaladas. Earl Terrell se unió a la lista el 30 de julio, cuando desapareció de una piscina pública. Los restos óseos descubiertos el 9 de enero de 1981 no aportaron ninguna pista sobre la causa de la muerte.

El siguiente en la lista fue Clifford Jones, de 12 años, secuestrado en la calle y estrangulado el 20 de agosto. Tras la recuperación de su cuerpo en octubre, los detectives de homicidios entrevistaron a cinco testigos que señalaron a su asesino como un hombre blanco, encarcelado en 1981 por cargos de intento de violación y sodomía con agravantes. Estos testigos proporcionaron detalles del crimen que concuerdan con la ubicación y el estado del cuerpo de la víctima, pero los detectives optaron por archivar sus declaraciones juradas, enumerando a Jones con otras víctimas de un asesino "desconocido".

Darron Glass, un niño de 11 años, desapareció cerca de su casa el 14 de septiembre de 1980. Nunca fue encontrado, y se une a la lista porque las autoridades no saben qué más hacer con su caso.

. . .

La víctima de octubre fue Charles Stephens, cuya desaparición se denunció el día 9 y se recuperó al día siguiente, con la vida apagada por asfixia. Para rematar el mes, las autoridades descubrieron los restos óseos de Latonya Wilson el 18 de octubre, pero no pudieron determinar cómo murió.

El 1 de noviembre, la desaparición de Aaron Jackson, de 9 años, fue denunciada a la policía por unos padres frenéticos. El niño fue encontrado el 2 de noviembre, otra víctima de asfixia. Patrick Rogers, de 15 años, fue encontrado el 10 de noviembre. Sus lamentables restos, con el cráneo aplastado por fuertes golpes, no fueron desenterrados hasta febrero de 1981.

Dos días después de Año Nuevo, el escurridizo asesino se cargó a Lubie Geter, estrangulando al joven de 14 años y arrojando su cuerpo donde no sería encontrado hasta el 5 de febrero. Terry Pue, de 15 años, desapareció el 22 de enero y fue encontrado al día siguiente, estrangulado con un cordón o trozo de cuerda. Esta vez, los detectives dijeron que unos productos químicos especiales les permitieron extraer las huellas dactilares de un sospechoso del cadáver de Terry. Desgraciadamente, no estaban archivadas en ningún organismo policial.

. . .

Patrick Baltazar, de 12 años, desapareció el 6 de febrero. Su cuerpo fue encontrado una semana después, marcado por la estrangulación con ligaduras, y los restos óseos de Jeffrey Mathis, fueron encontrados cerca. Un niño de 13 años, Curtis Walker, fue estrangulado el 19 de febrero y encontrado el mismo día. Joseph Bell, de 16 años, fue asfixiado el 2 de marzo; Timothy Hill, el 11 de marzo, fue registrado como víctima de ahogamiento.

El 30 de marzo, la policía añadió su primera víctima adulta a la lista de niños asesinados. Se trataba de Larry Rogers, de 20 años, relacionado con las víctimas más jóvenes por el hecho de haber sido asfixiado. No se determinó la causa de la muerte de una segunda víctima adulta, Eddie Duncan, de 21 años, cuando se encontró su cuerpo el 31 de marzo. El 1 de abril, el ex convicto Michael McIntosh, de 23 años, fue añadido a la lista por el hecho de que también había sido asfixiado.

En abril de 1981, parecía evidente que el caso del "asesinato de niños" se les estaba yendo de las manos. Los críticos de la comunidad denunciaron que la lista oficial de víctimas era incompleta y arbitraria, y citaron casos como el del asesinato de Faye Yearby en enero de 1981 para demostrar su punto.

. . .

Al igual que la víctima "oficial" Angel Lenair, Yearby fue atada a un árbol por su asesino, con las manos atadas a la espalda; había sido apuñalada hasta la muerte, como cuatro víctimas reconocidas de la lista. A pesar de estas similitudes, la policía rechazó el caso de Yearby alegando que (a) era una mujer -al igual que Wilson y Lenair- y (b) a sus 22 años, era "demasiado mayor" -aunque la última víctima reconocida tenía 23 años-. (Dave Dettlinger, examinando la mala praxis policial en *The List*, sugiere que 63 víctimas "patrón" fueron omitidas caprichosamente de la lista "oficial", veinticinco de ellas después de la detención de un sospechoso que supuestamente "puso fin" a los asesinatos).

Durante el mes de abril, los portavoces del FBI declararon que varios de los crímenes estaban "sustancialmente resueltos", indignando a los negros con sugerencias de que algunos de los muertos habían sido asesinados por sus propios padres. Mientras esa tormenta arreciaba, Roy Innis, líder del Congreso de la Igualdad Racial, hizo pública la historia de una testigo que describía los asesinatos como las acciones de una secta relacionada con las drogas, la pornografía y el satanismo.

Innis condujo a los buscadores a un aparente lugar de rituales, con grandes cruces invertidas, y su testigo pasó dos pruebas de polígrafo, pero para entonces la policía había centrado su atención en otro sospechoso, reduciendo su escrutinio hasta excluir todas las demás posibilidades.

El 22 de abril, Jimmy Payne, un ex convicto de 21 años, fue dado por desaparecido en Atlanta. Seis días después, cuando se recuperó su cuerpo, se atribuyó públicamente la muerte a asfixia y su nombre se añadió a la lista de "niños" asesinados. William Barrett, de 17 años, desapareció el 11 de mayo; fue encontrado al día siguiente, otra víctima de asfixia.

Ya se habían sacado varios cadáveres de los ríos locales, y la policía vigilaba los cursos de agua por la noche. En las horas previas al amanecer del 22 de mayo, un agente novato destinado bajo un puente en el río Chattahoochee informó de que había oído "un chapoteo" en el agua cercana. Por encima de él, un coche pasó con estruendo y se alertó a los agentes que vigilaban el puente. La policía y los agentes del FBI detuvieron un vehículo conducido por Wayne Bertram Williams, un hombre negro, y pasaron dos horas interrogándolo, hurgando en el coche, antes de dejarlo marchar.

. . .

El 24 de mayo, el cadáver de Nathaniel Cater, un delincuente convicto de 27 años, fue sacado del río abajo, y las autoridades sumaron dos y dos al centrar su investigación en Wayne Williams. Desde el principio, era el sospechoso más improbable. Hijo único de dos profesores de Atlanta, Williams seguía viviendo con sus padres a los veintitrés años. Abandonó la universidad y ambicionaba ganar fama y fortuna como promotor musical. De joven, había construido una emisora de radio en el sótano de la casa familiar.

El 21 de junio, Williams fue detenido y acusado del asesinato de Nathaniel Cater, a pesar del testimonio de cuatro testigos que afirmaron haber visto a la víctima con vida los días 22 y 23 de mayo, después del infame "chapuzón".

El 17 de julio, Williams fue acusado de matar a dos adultos -Cater y Payne- mientras los periódicos anunciaban a bombo y platillo la captura del "asesino de niños" de Atlanta.

En su juicio, que comenzó en diciembre de 1981, la acusación pintó a Williams como un homosexual violento y fanático, tan asqueado de su raza que esperaba eliminar a las generaciones futuras matando a los niños negros antes de que pudieran reproducirse. Un testigo declaró que vio a Williams cogido de la mano con Nathaniel Cater la noche del 21 de mayo, unas horas antes del "chapuzón". Otro, de 15 años, dijo al tribunal que Williams le había pagado dos dólares por el privilegio de acariciar sus genitales. Por el camino, las autoridades anunciaron la incorporación tardía de una última víctima, John Porter, de 28 años, a la lista.

Los abogados de la defensa trataron de equilibrar la balanza con el testimonio de una mujer que admitió haber mantenido relaciones sexuales "normales" con Williams, pero la acusación ganó un punto crucial cuando el juez que presidía el juicio admitió el testimonio sobre otras diez muertes de la lista, destinado a demostrar un patrón en los asesinatos. Uno de los admitidos fue el caso de Terry Pue, pero ninguna de las partes tenía nada que decir sobre las huellas dactilares supuestamente recuperadas de su cadáver en enero de 1981.

Las pruebas más impresionantes de culpabilidad fueron ofrecidas por un equipo de expertos científicos, que se ocuparon de pelos y fibras variados encontrados en ciertas víctimas.

. . .

El testimonio indicaba que algunas fibras de una marca de alfombra encontrada en el interior de la casa de Williams habían sido identificadas en varios cuerpos. Además, las víctimas Middlebrooks, Wyche, Cater, Terrell, Jones y Stephens presentaban fibras del revestimiento del maletero de un automóvil Ford de 1979 propiedad de la familia Williams. La ropa de la víctima Stephens también contenía fibras de un segundo coche, un Chevrolet de 1970, propiedad de la familia. Los miembros del jurado no fueron informados del testimonio de un testigo ocular que nombraba a otro sospechoso en el caso de Jones, ni tampoco fueron informados de una laguna crítica en las pruebas de la acusación.

Concretamente, Wayne Williams no tenía acceso a los vehículos en cuestión en los momentos en que fueron asesinadas tres de las seis víctimas de la "fibra". El padre de Wayne llevó el Ford a reparar a las 9 de la mañana del 30 de julio de 1980, casi cinco horas antes de que Earl Terrell desapareciera esa tarde. Terrell llevaba mucho tiempo muerto antes de que Williams recuperara el coche el 7 de agosto, y lo devolvió al taller a la mañana siguiente, todavía negándose a arrancar. Una nueva estimación de los costes de reparación era tan cara que el padre de William se negó a pagar, y la familia no volvió a tener acceso al coche.

. . .

Mientras tanto, Clifford Jones fue secuestrado el 20 de agosto y Charles Stephens el 9 de octubre de 1980. La familia del acusado no compró el Chevrolet de 1970 hasta el 21 de octubre, doce días después de la muerte de Stephens.

El 27 de febrero de 1982, Wayne Williams fue declarado culpable de dos cargos de asesinato y condenado a una doble pena de cadena perpetua. El 1 de marzo de 1982, el grupo especial de "asesinatos de niños" de Atlanta se disolvió oficialmente, anunciando que 23 de los 30 casos de la "Lista" se consideraban resueltos con su condena.

Los otros siete casos, aún abiertos, volvieron al detalle normal de homicidios.

En noviembre de 1985, un nuevo equipo de abogados descubrió documentos del FBI de 1980 y 81, anteriormente clasificados, en los que se describía la vigilancia de un militante del Ku Klux Klan sospechoso de haber asesinado a varias víctimas de la lista. A pesar de esas pruebas y de los evidentes fallos de la acusación, todos los recursos presentados en nombre de Wayne Williams han sido rechazados por los tribunales.

4

Jeffrey Dahmer, caníbal y necrofílico

JEFFREY DAHMER FUE un asesino en serie estadounidense que acabó con la vida de 17 hombres entre 1978 y 1991.

A lo largo de más de 13 años, Dahmer buscaba hombres, en su mayoría afroamericanos, en bares gay, centros comerciales y paradas de autobús, los atraía a casa con promesas de dinero o sexo y les daba alcohol mezclado con drogas antes de estrangularlos hasta la muerte. Después de esto, practicaba actos sexuales con los cadáveres antes de desmembrarlos y deshacerse de ellos, conservando a menudo sus cráneos o genitales como recuerdo. A menudo tomaba fotos de sus víctimas en las distintas fases del proceso de asesinato, para poder recordar cada acto después y revivir la experiencia.

· · ·

Dahmer fue capturado en 1991 y condenado a 16 cadenas perpetuas. Fue asesinado por su compañero de prisión Christopher Scarver en 1994.

Jeffrey Dahmer era un niño un poco raro (por decir algo). Su madre estaba loca y su padre era un adicto al trabajo, por lo que Jeff no recibió mucha atención. Jugaba con sus amigos imaginarios y asustaba a sus amigos reales con sus extrañas travesuras.

También tenía un extraño fetiche con los animales muertos. Le encantaba ver sus entrañas, y se ha afirmado en numerosas ocasiones que una vez puso la cabeza cortada de un perro en un palo detrás de su casa. Como su padre era médico, Jeff también recibía material de lectura, y a veces un poco de ayuda cuando se trataba de hervir los animales muertos en la carretera hasta convertirlos en huesos para su colección personal.

Con el tiempo, los padres de Jeff se separaron. Si esto no fue lo suficientemente duro para Jeff, el hecho de que ninguno de los padres lo quisiera debió serlo. Discutían fuertemente por su hermano pequeño, David, pero ni una sola vez se molestaron en mencionar los arreglos de vivienda de Jeffrey. Al final se fue con su madre.

Por esta época Jeff descubrió las drogas y el alcohol como medio para olvidar sus problemas.

Jeff también era conocido por correr por el centro comercial local actuando como un maniático, (lo que probablemente explica por qué tenía pocos amigos).

Una noche, Jeff conducía de vuelta a su madre cuando recogió a un autoestopista, Steven Hicks, de 19 años. Los dos volvieron a casa de Jeffery para beber algo de cerveza y fumar algo de hierba. Parece que a Jeff le debía de gustar mucho Steve, porque cuando Hicks dijo que era hora de volver a casa, Dahmer decidió que no quería que su nuevo amigo se fuera a ninguna parte. Jeff cogió una mancuerna de levantamiento de pesas y golpeó a Hick's en la nuca. Luego lo estranguló. Jeff arrastró el cuerpo hasta el sótano, debajo de la casa, donde permaneció durante unos días. Al final el olor se hizo muy fuerte, así que Dahmer bajó y cortó los restos en trozos colocándolos en pequeñas bolsas de plástico. Luego puso las bolsas en los arbustos detrás de la casa, y finalmente las enterró. Al cabo de un tiempo, Dahmer empezó a preocuparse de que los niños del vecindario desenterraran los restos, así que los desenterró y rompió los huesos en pedazos, que esparció por el bosque.

. . .

Durante los nueve años siguientes, Dahmer fue capaz de controlar los impulsos de matar de nuevo.

Con el tiempo, Jeff se alistó en el ejército de los Estados Unidos, donde acabó destinado en Alemania, lo que duró un par de años hasta que fue finalmente licenciado debido a sus erráticos problemas con la bebida.

Cuando terminó su carrera militar, Jeff aceptó su homosexualidad y se convirtió en un habitual de los bares gay de Milwaukee. También fue arrestado por mostrar su pene a dos niños de 12 años en un parque y luego masturbarse. Se le impuso la libertad condicional hasta el 9 de septiembre de 1987 por el incidente.

Apenas seis días después de que terminara la libertad condicional empezó a matar de nuevo.

El 15 de septiembre de 1987 Dahmer pasó el día bebiendo en un bar gay llamado Club 219 y se encontró con un hombre gay llamado Steven Toumi. Charlaron durante unas horas y finalmente se marcharon juntos.

. . .

Fueron a un hotel y alquilaron una habitación. Dahmer afirma que no recuerda lo que pasó una vez que llegaron al hotel, sólo que bebió mucho. Ni siquiera está seguro de si tuvieron algún tipo de relación sexual, pero cuando se despertó Toumi estaba muerto. Parece que Jeff lo golpeó mucho y lo estranguló. Después de esto Jeff salió y compró una maleta grande. En ella metió el cuerpo y cogió un taxi hasta la casa de su abuela (donde vivía en el sótano). Una vez allí, cortó el cuerpo, puso los pedazos en bolsas de basura y lo puso en la acera con el resto de la basura del día.

El 16 de enero de 1988 Dahmer se acercó a un joven prostituto, James Doxtator (edad: 14 años), y le ofreció a James dinero para hacer un video con él. Doxtator aceptó y Jeff lo llevó a su casa, a su habitación del sótano.

Dahmer le dio a James un brebaje de drogas para dormir y, una vez que se desmayó, Jeff lo estranguló. A continuación, despojó el cuerpo de toda la carne utilizando ácido, y luego destrozó los huesos con un mazo. Una vez satisfecho con su trabajo, esparció los fragmentos de hueso.

El 24 de marzo de 1988 Jeff conoció a Richard Guerrero en un bar llamado Phoenix.

Guerrero no tenía dinero, así que Jeff le ofreció algo de dinero si volvía a su casa y hacía un vídeo. Guerrero aceptó, una vez de vuelta en casa de Dahmer tuvieron sexo oral, luego Jeff le ofreció una bebida y Richard aceptó. Poco después de desmayarse Richard fue estrangulado desmembrado y eliminado.

Fue en esta época cuando la abuela de Jeff empezó a preocuparse por el mal olor que salía del sótano. Cuando el padre de Jeff, Lionel Dahmer, inspeccionó la habitación encontró un residuo negro y pegajoso, similar a lo que el ácido hace a la carne. Al preguntarle a su hijo sobre esto Jeff le dijo a su padre que había estado experimentando con animales. Como a Lionel nunca le importó lo que hacía Jeff lo aceptó y no se preocupó más por ello. Pero su abuela sí lo hizo y le pidieron que se mudara.

Dahmer pronto consiguió su propia casa en el 808 de la calle 24 Norte. Apenas 24 horas después de mudarse a su nuevo apartamento, Dahmer tuvo problemas con la policía. Había engañado a un niño laosiano, Keison Sinthasomphone, de 13 años, para que fuera a su apartamento.

Una vez allí, Dahmer lo drogó y abusó de él, pero el niño escapó.

Este denunció el incidente a la policía y Dahmer fue acusado de agresión sexual y de seducir a un niño con fines inmorales. Pasó una semana en la cárcel antes de salir en libertad bajo fianza. El 30 de enero de 1990 Dahmer fue declarado culpable, pero la sentencia no tendría lugar hasta dentro de cuatro meses.

El 25 de marzo de 1990 Dahmer conoció a Anthony Sears en La Cage, (un bar gay). Dahmer lo llevó a casa de su abuela porque suponía que la policía estaba vigilando su apartamento. Una vez allí tuvieron relaciones sexuales, después Dalmer le preparó una bebida. Lo asesinó y decidió quedarse con el cráneo como trofeo.

En la sentencia de Dahmer por agresión sexual y seducción de un niño con fines inmorales, el 23 de mayo, Dahmer suplicó al juez que fuera indulgente, diciendo: "Soy un alcohólico y un homosexual con problemas sexuales". El juez, William Gardner, decidió sentenciarlo a 5 años de libertad condicional y 1 año en una casa de medio camino para que pudiera seguir trabajando.

Después de cumplir su tiempo en la casa de medio camino Dahmer alquiló un lugar en los apartamentos de Oxford. Apartamento #213.

Apenas dos semanas después de mudarse al ahora infame edificio de apartamentos (ya ha sido demolido), Dahmer conoció a Ray Smith en el Club 219. Ray era un recién llegado a Milwaukee y parecía encontrarse con el tipo equivocado en el momento equivocado. Jeff invitó a Ray a su casa para posar para algunas fotos, Ray aceptó esta invitación y una vez que Jeff le ofreció una bebida. Una vez que Ray se desmayó, estranguló, luego desnudó el cuerpo y tuvo sexo necrófilo con él. Este fue el primer cadáver con el que Dahmer admitió haber tenido relaciones sexuales, pero definitivamente no fue el último. Una vez que se divirtió con Ray, desmembró el cuerpo y lo tiró a la basura. Todo excepto el cráneo que conservó y lo pintó para preservarlo, esto marca el comienzo de su macabra colección de recuerdos humanos.

El 14 de junio de 1990 Dahmer conoció a Eddie Smith, Eddie aceptó de buena gana las insinuaciones de Dahmer y volvió al apartamento de Jeff donde tuvieron sexo oral. Después Jeff le ofreció a Eddie una bebida, poco después Eddie se desmayó, Jeff lo estranguló, desmembró el cuerpo y luego tiró los restos a la basura.

Más tarde, ese mismo año, Jeff decidió variar su modus operandi, decidiendo no molestarse en drogar a su víctima.

Tenía a un chico hispano de 15 años posando para las fotos cuando cogió un mazo e intentó golpear al chico en la cabeza. El chico se defendió y acabó escapando, el chico acudió a la policía, pero cuando rogó a la policía que no dijera a sus padres adoptivos que era gay, la policía decidió dejarlo estar.

El 3 de septiembre de 1990 Dahmer recogió a Ernest Miller, lo llevó a su casa, tuvo relaciones sexuales con él, lo drogó, y luego cambió su plan de juego un poco, no estranguló a Miller; le cortó la garganta en su lugar.

Luego le cortó los bíceps y los puso en el congelador, y luego al quitarle toda la carne del hueso, decidió quedarse con todo el esqueleto.

Fue en ese momento cuando los vecinos de Jeff empezaron a quejarse del olor putrefacto que salía de su apartamento. Dahmer explicó al propietario que su nevera estaba rota y que la arreglaría lo antes posible.

A finales del mes de septiembre de ese mismo año. Jeff conoció a David Thomas.

. . .

Dahmer y Thomas estaban bebiendo en el apartamento de Dahmer cuando Jeff le dio su "bebida especial". Jeff no quería matar a Thomas, pero le preocupaba que se molestara cuando se despertara por haberle drogado Jeff. Así que Jeff decidió que lo mejor era matarlo de todos modos. Esta vez filmó todo el desmembramiento.

También tomó fotos de la cabeza cortada de David en varias posiciones en el apartamento. (estas fotos fueron vistas más tarde por la hermana de Thomas para su identificación).

Más tarde Jeff conoció a Curtis Straughter. Curtis quería ser modelo, así que cuando Jeff le mencionó que posara para las fotos, la aceptó con gusto. Fue estrangulado mientras le hacía sexo oral a Jeff. Jeff conservó el cráneo y lo pintó para preservarlo, también decidió conservar las manos y el pene.

Otra de sus víctimas desgraciadas fue Errol Lindsey (alias Earl Lindsey) de 19 años, en una parada de autobús local.

Errol fue pagado por Dahmer para que volviera al apartamento.

Jeff le ofreció un trago y él aceptó, y pronto Jeffrey le estaba practicando sexo oral a su cadáver. Jeff se quedó con el cráneo.

El 24 de mayo de 1991 Jeff conoció a Tony Hughes en el club 219, Hughes era sordomudo así que Dahmer escribió su oferta en un papel y se lo entregó a Tony, 50 dólares para posar en algunas fotos y ver algunos videos.

Bueno, como de seguro ya has adivinado, Dahmer drogó y estranguló a Hughes. Luego Jeff dejó el cadáver tirado en su dormitorio durante unos días antes de desmembrarlo.

Días después Dahmer cometería uno de sus crímenes más infames, puesto que fue con un menor de edad. Conoció a Konerak Sinthasomphone (edad: 14) en una parada de autobús local. (Konerak era el hermano menor del chico que acusó a Jeff de agresión sexual, aunque Jeff nunca lo supo en ese momento). Dahmer metió al chico en su apartamento, lo drogó, tuvo relaciones sexuales con él, le hizo un agujero en la cabeza, le inyectó ácido y luego se fue a buscar cerveza. De alguna manera, el chico se despertó y pudo salir del edificio a la calle, donde la policía lo encontró deambulando aturdido y desnudo.

Para ellos sólo era un homosexual borracho, y cuando hablaron con Dahmer sus pensamientos se confirmaron.

Volvieron al apartamento, no notaron nada fuera de lo normal, y dejaron a Konerak con Dahmer. La policía incluso hizo una broma al respecto. No hace falta decir que Jeff añadió otra calavera a la colección que también pintó para conservarla.

El 30 de junio de 1991 Dahmer viajó a Chicago para el Día del Orgullo Gay. (su cartera fue robada en los eventos). Mientras que en una estación de autobuses conoció a Matt Turner otro chico que quería ser modelo. Dahmer lo convenció de volver a Milwaukee con él. Dahmer pagó los billetes de autobús de Greyhound para ambos y pronto emprendieron un viaje de 90 millas. Una vez a salvo en su apartamento, Dahmer drogó y estranguló a Turner. Luego cortó la cabeza de Turner, la envolvió en una bolsa de plástico y la colocó en el congelador, luego colocó el torso en un barril azul de 57 galones.

Los asesinatos continuaron. Más tarde, en 1991 Dahmer decidió hacer otra visita a Chicago. Allí conoció a Jeremiah Weinberger, de 23 años, en un local gay.

. . .

Jeremiah le preguntó a su compañero de cuarto lo que pensaba de Jeff, "Parece estar bien". Entonces Jeremiah decidió volver a Milwaukee con Jeff. Jeff volvió a pagar los billetes de autobús Greyhound para el viaje de 90 millas de vuelta a su casa. Una vez que llegaron a la casa de Jeff tuvieron sexo mutuo y Jeremiah pasó la noche.

Pero cuando Jeremiah se cansó de tener sexo con Jeff dijo que se iba a casa. Jeff le dijo que estaba bien y le ofreció un trago de despedida. Luego Jeff lo estranguló. La cabeza de Jeremiah fue encontrada en el congelador de Jeff.

El 12 de julio de 1991 Jeff Dahmer cometería por primera vez en su vida canibalismo. Conoció a Oliver Lacy (Edad 23). Volvieron a la casa de Jeff, tomaron un trago, pasaron un buen rato y luego Jeff lo estranguló.

Entonces, por primera vez, Jeff decidió practicar sexo necrófilo y sodomizó el cadáver. Luego le cortó el bíceps derecho y se lo comió. Colocó la cabeza de Lacy en la nevera junto a una caja abierta de bicarbonato de sodio Arm & Hammer, y su corazón en el congelador para comerlo más tarde.

. . .

También puso otras partes del cuerpo en el congelador. El resto de la carne la puso en la basura y se quedó con todo el esqueleto.

Fue en ese momento cuando Dahmer fue suspendido de su trabajo en la fábrica de chocolate Ambrosia. Parece que pasó demasiados días en casa con sus "amigos". Esto molestó mucho a Jeff. Y el 19 de julio fue despedido del trabajo.

El 19 de julio de 1991, Jeff se encontró con Joeseph Bradehoft en una parada de autobús local. Llovía a cántaros y Joseph llevaba un paquete de seis cervezas, así que decidió volver a casa de Jeff para festejar un poco.

Una vez allí tuvieron sexo oral, luego Dahmer lo drogó y lo estranguló. Durmió con el cuerpo durante los días siguientes hasta que la cabeza se infectó de gusanos. Jeff la limpió y la puso en el congelador junto con las cabezas de Turner y Weinberger. Colocó el torso en el barril de 57 galones en el cuarto de la cama.

Dahmer parecía tener muy poco control en ese momento, parecía importarle muy poco, se estaba volviendo extremadamente descuidado y era sólo cuestión de tiempo que su mundo se derrumbara por completo.

El 22 de julio de 1991 Dahmer conoció a Tracy Edwards de 32 años. Jeff lo recogió y lo llevó a su casa. Dahmer dice que recuerda poco de esta noche, pero puedes apostar a que Edwards nunca lo olvidará. De acuerdo con Edwards, Jeff sacó un cuchillo y pasó de ser el señor agradable a ser un hijo de puta de corazón frío. Jeff consiguió esposar una de las manos de Edwards, pero éste se defendió y se escapó. Los agentes de policía Mueller y Rauth estaban haciendo su patrulla nocturna por la avenida Kilbourn, en Milwaukee.

Al llegar a la esquina de la calle 25, les llamó la atención un hombre negro con unas esposas colgando de la muñeca. Explicó histéricamente a los agentes que había estado bebiendo con un hombre que le había esposado e intentado matarle. Los agentes intentaron quitarle las esposas de la muñeca a Edwards, pero las llaves no entraban, por lo que Mueller y Rauth escoltaron a Edwards de vuelta al apartamento del hombre situado en el 924 de la calle 25 Norte. La puerta del apartamento 213 fue abierta por Jeffery Dahmer, un hombre blanco de 31 años.

. . .

El interior del apartamento estaba ordenado y limpio y Dahmer reconoció que era el responsable de las esposas y señaló a los agentes en dirección al dormitorio, que es donde pensaba que estarían las llaves.

También dijo: "¡Acabo de perder mi trabajo y quiero beber un poco de maldita cerveza!". Después de echar un vistazo al interior, uno de los agentes abrió la nevera y exclamó: "¡Dios mío! ¡HAY UNA MALDITA CABEZA AQUÍ! ESTA ES LA CABEZA DE UN ENFERMO".

Dahmer se volvió de repente contra ellos y luchó mientras el otro policía trataba de esposarlo, después de someter a Jeff se lo llevaron.

Al registrar el apartamento, la caja de bicarbonato de sodio del frigorífico apenas absorbía los olores de una cabeza cortada en descomposición. En el congelador había tres cabezas más, guardadas ordenadamente en bolsas de plástico y atadas con bridas de plástico. Había una puerta que conducía al dormitorio, al armario de la habitación y al baño que había sido equipada con una cerradura de pestillo.

. . .

Anne E. Schwartz, la reportera que llegó primero al lugar de los hechos, describió lo que vio en su libro *El hombre que no pudo matar lo suficiente*: "...en el fondo del armario había una marmita de metal que contenía manos descompuestas y un pene.

En el estante sobre la marmita había dos cráneos. También en el armario había contenedores de alcohol etílico, cloroformo y formaldehído, junto con algunos frascos de vidrio que contenían genitales masculinos conservados en formaldehído... Fotos polaroid tomadas por Dahmer en varias etapas de la muerte de sus víctimas.

Una de ellas mostraba la cabeza de un hombre, con la carne aún intacta, tirada en un fregadero. Otra mostraba a una víctima abierta desde el cuello hasta la ingle, como un ciervo destrozado después de la matanza, los cortes tan limpios que podía ver claramente el hueso pélvico".

Algunas de las fotos eran de sus víctimas antes de asesinarlas en diversas poses eróticas y de bondage. El caso se convirtió en el mayor caso de asesinato en serie de la década.

. . .

La fianza de Dahmer se fijó inicialmente en un millón de dólares en efectivo. El 6 de agosto se elevó a 5 millones de dólares cuando se añadieron ocho cargos de asesinato más a sus acusaciones. Al final, Dahmer tenía quince cargos de asesinato en su contra. La frase más larga que murmuró Dahmer en cualquiera de las audiencias preliminares fue "Lo entiendo, señoría" cuando el juez le preguntó si entendía los cargos que se le imputaban.

El 13 de julio de 1992, Dahmer ignoró el consejo de su abogado y cambió su declaración a culpable, pero que estaba loco. Según Don Davis en *The Milwaukee Murders*, "la declaración dio un giro al caso. Ahora, en lugar de tener que demostrar que su hombre no cometió los asesinatos, el abogado defensor Gerald Boyle desenvolvería uno de los tapices más sangrientos jamás vistos en un tribunal estadounidense. Su tarea consistía en convencer al jurado de que Dahmer estaba loco, porque sólo un demente haría las cosas que hizo."

Dos detectives se turnaron para leer la confesión de 160 páginas. Era un catálogo de perversión sexual. El detective Dennis Murphy declaró que Dahmer "se sentía tremendamente culpable por sus acciones. Se sentía completamente malvado".

. . .

Luego citó la confesión del propio Dahmer: "Me resulta difícil creer que un ser humano haya podido hacer lo que he hecho, pero sé que lo hice". Afirmó que su miedo a ser atrapado se vio superado por su excitación de tener el control absoluto.

La batalla de los psiquiatras sobre si Dahmer era legalmente responsable y capaz de controlar sus acciones parecía confundir al jurado. Finalmente Boyle dibujó una tabla para el jurado que leyó rápidamente: "Cráneos en la taquilla, canibalismo, impulsos sexuales, taladrar, hacer zombis, necrofilia, beber alcohol todo el tiempo, intentar crear un santuario, lobotomías, desflorar, llamar a taxidermistas, ir a cementerios, masturbarse.... Este es Jeffrey Dahmer, un tren desbocado en una vía de locura..."

El fiscal McCann refutó: "No era un tren desbocado, ¡era el maquinista!" Estaba satisfaciendo sus extraordinarias ansias sexuales. "Señoras y señores, ha engañado a mucha gente. Por favor, no se dejen engañar por este asesino".

El jurado deliberó durante cinco horas y decidió que Jeff Dahmer no merecía pasar el resto de su vida en un hospital, sino en una celda. En los quince cargos, Dahmer fue declarado culpable y cuerdo.

Dahmer escribió una disculpa al juez que cubría un baño de sangre de trece años. "Su Señoría: Esto ha terminado. Esto nunca ha sido un caso de tratar de salir libre. Nunca quise la libertad. Francamente, quería la muerte para mí. Este fue un caso para decirle al mundo que hice lo que hice, pero no por razones de odio. No odiaba a nadie. Sabía que estaba enfermo o que era malvado, o ambas cosas. Ahora creo que estaba enfermo. Los médicos me han hablado de mi enfermedad, y ahora tengo algo de paz. Sé cuánto daño he causado... Gracias a Dios no habrá más daño que pueda hacer. Creo que sólo el Señor Jesucristo puede salvarme de mis pecados... No pido ninguna consideración".

Fue condenado a quince cadenas perpetuas consecutivas o a un total de 957 años de prisión.

Dahmer se adaptó muy bien a la vida carcelaria en el Instituto Correccional de Columbia en Portage, Wisconsin. Al principio, no formaba parte de la población general de la prisión, lo que habría puesto en peligro su seguridad. Así las cosas, el 3 de julio de 1994 fue atacado mientras asistía a un servicio de capilla por un cubano al que nunca había visto antes.

. . .

Mientras estaba en prisión, Dahmer fue demandado dos veces por 3.000 millones de dólares. (aunque no tenía ni un céntimo rojo a su nombre). Dahmer, el preso modelo, convenció a las autoridades penitenciarias para que le permitieran más contacto con otros reclusos. Pudo comer en zonas comunes y se le encomendaron trabajos de limpieza con otros equipos de reclusos.

La mañana del 28 de noviembre de 1994. Dahmer trabajaba en la limpieza de los baños en pareja con dos hombres muy peligrosos: Jesse Anderson, un hombre blanco que había asesinado a su esposa y culpado a un hombre negro, y Christopher Scarver, un negro esquizofrénico delirante que creía ser el hijo de Dios, que estaba en prisión por asesinato en primer grado. No es difícil imaginar cómo veía Scarver a Dahmer, que había masacrado a tantos hombres negros, y a Anderson. Era una combinación desastrosa. A los 20 minutos de empezar, un guardia de la prisión se acercó a ver cómo estaban y encontró a Dahmer tumbado boca abajo en un charco de sangre con la cabeza golpeada (el otro preso blanco estaba tumbado en un charco de sangre en una de las duchas).

Al llegar al hospital, Dahmer fue declarado muerto a las 9:11 de la mañana. Jesse Anderson murió poco después por tener la cabeza golpeada contra el suelo y las paredes repetidamente. Compararon sus heridas con las de un accidente de coche. Scarver afirmó que "Dios me dijo que lo hiciera". En cualquier caso, recibió otra sentencia de cadena perpetua por sus acciones.

Jeff fue incinerado y sus padres, que están divorciados, recibieron cada uno la mitad de sus restos tras una batalla judicial por sus cenizas.

¿Por qué se produce un Jeffrey Dahmer? ¿Cómo se convierte un hombre en asesino en serie, necrófilo, caníbal y psicópata? Hay muy pocas respuestas convincentes, a pesar de la gran cantidad de libros que proponen entender el problema.

Muchas de las teorías quieren hacer creer que las respuestas se encuentran siempre en los abusos en la infancia, la mala crianza, los traumas craneales, el alcoholismo fetal y la drogadicción. Tal vez en algunos casos, estos son factores que contribuyen, pero no para Jeffrey Dahmer.

. . .

Su padre, Lionel Dahmer, escribió un libro muy triste y conmovedor titulado *A Father's Story (La historia de un padre)*, que explora el fenómeno muy común de unos padres que intentan desesperadamente dar a su hijo una buena educación y descubren, para su horror, que su hijo ha construido un alto muro a su alrededor del que su influencia queda progresivamente excluida. Aunque, afortunadamente, la mayoría de los padres no tienen que criar a un Jeffrey Dahmer, demasiados han visto a sus hijos sucumbir a las drogas, el alcohol y la delincuencia a pesar de sus mejores y a menudo frenéticos esfuerzos por intervenir.

"Es un retrato del pavor paterno... la terrible sensación de que tu hijo se te ha escapado de las manos, de que tu pequeño está girando en el vacío, arremolinándose en la vorágine, perdido, perdido, perdido".

Lionel parece ser bastante directo al reconocer las influencias negativas en la vida de Jeff. Ninguna familia es perfecta. La madre de Jeff tenía varias dolencias físicas y parecía ser muy nerviosa, ya que procedía de un entorno en el que el alcoholismo de su padre afectaba profundamente a su vida.

. . .

Lionel, un químico que llegó a obtener su doctorado, se quedaba en el trabajo más a menudo de lo que debería para evitar la agitación en el frente doméstico. Finalmente, el matrimonio se disolvió en divorcio cuando Jeff tenía dieciocho años. Sin embargo, ninguna de estas desavenencias domésticas habituales explica el asesinato en serie, la necrofilia o los demás comportamientos extraños de Jeff.

5

Joel Rifkin, el asesino de prostitutas

Joel Rifkin es un asesino en serie que protagonizó una serie de asesinatos en Nueva York en la década de 1990.

En 1989, mató a su primera mujer. Se deshizo de los cuerpos de sus víctimas para que no pudieran ser identificados. Su reino del terror llegó a su fin en junio de 1993, cuando la policía detuvo a Rifkin y descubrió un cadáver en su coche. Fue condenado por asesinato al año siguiente y posteriormente se declaró culpable de otros cargos de asesinato.

Joel David Rifkin nació el 20 de enero de 1959, hijo de dos estudiantes universitarios solteros.

. . .

El matrimonio neoyorquino Bernard y Jeanne Rifkin adoptó a Joel tres semanas después de su nacimiento. Tres años después, también adoptaron a una hija, Jan.

En 1965, la familia se trasladó a East Meadow, Long Island, donde Rifkin se matriculó en la escuela primaria Prospect Avenue.

Rifkin tenía dificultades para encajar con sus compañeros y se convirtió en el objetivo frecuente de los matones de la escuela. Se le excluía de los deportes de equipo y de los juegos de barrio debido a su postura inclinada y a su forma de andar lenta. Sufría una dislexia no diagnosticada y también tenía problemas académicos a pesar de su coeficiente intelectual de 128.

Cuando Rifkin entró en la adolescencia, intentó desesperadamente encajar. Se unió al equipo de atletismo con la esperanza de hacer amigos, pero sus compañeros le atormentaban con frecuencia. Frustrado por el atletismo, Rifkin se unió al personal del anuario. Inmediatamente le robaron la cámara y le excluyeron de la fiesta de fin de curso.

. . .

El maltrato y el aislamiento acabaron por desgastar a Rifkin, que empezó a recluirse en su propio mundo perturbado. Empezó a soñar despierto con violar y apuñalar mujeres. En 1972, inspirado por la película *Frenesí* de Alfred Hitchcock, Rifkin se obsesionó con la idea de estrangular prostitutas. Por esa misma época, sus padres le regalaron un coche. Empezó a utilizar el vehículo para buscar prostitutas en la cercana Hempstead, y más tarde en Manhattan.

Su pasión por las prostitutas aumentaría cuando entró en el Nassau Community College en 1977. A menudo se saltaba las clases y rara vez acudía a sus trabajos a tiempo parcial, prefiriendo pasar el tiempo con las prostitutas. Su obsesión dejó a Rifkin sin el poco dinero que tenía, lo que hizo que entrara y saliera de la casa de sus padres durante la década de 1980. También iba de escuela en escuela, sacando malas notas, hasta que finalmente abandonó los estudios en 1984.

En marzo de 1989, Rifkin ya no podía luchar contra las fantasías mentales violentas. Rifkin esperó a que su madre saliera de viaje de negocios y recogió a una joven prostituta llamada Susie.

. . .

Llevó a la mujer a su casa de Long Island, donde la apaleó con un proyectil de artillería Howitzer. Cuando ella siguió luchando, la estranguló hasta matarla.

A continuación, desmembró el cadáver con un cuchillo X-acto, eliminando su identidad al cortarle las yemas de los dedos y quitarle los dientes con unos alicates. Escondió la cabeza cortada en un viejo bote de pintura y escondió el resto del cuerpo en bolsas de basura. Rifkin se deshizo de la cabeza y las piernas de Susie en el bosque de Hopewell (Nueva Jersey) y arrojó los brazos y el torso al East River, en Nueva York.

A pesar de los elaborados intentos de Rifkin por ocultar el asesinato, un miembro del Club de Golf de Hopewell Valley encontró la lata que contenía la cabeza de Susie varios días después. La policía no pudo descubrir la identidad de la víctima ni al responsable del asesinato.

Un año después, Rifkin se cobró su segunda víctima, la prostituta Julie Blackbird. Una vez más, Rifkin esperó a que su madre estuviera fuera de la ciudad y llevó a Blackbird a su casa de Long Island. A la mañana siguiente, Rifkin golpeó a su víctima, esta vez con la pata de una mesa, antes de estrangularla.

Desmembró el cadáver como antes, pero esta vez colocó las partes del cuerpo en cubos lastrados con hormigón y arrojó los restos al East River y a un canal de Brooklyn.

Rifkin puso en marcha su propio negocio de jardinería en 1991, y empezó a utilizar el lugar de trabajo alquilado para esconder los cadáveres hasta que pudiera deshacerse de ellos adecuadamente. Entre sus víctimas durante este año se encontraban las prostitutas Barbara Jacobs, Mary Ellen DeLuca y Yun Lee. Rifkin llegaría a estrangular a 17 mujeres, la mayoría drogadictas o prostitutas. La policía rara vez pudo identificar a las víctimas, y mucho menos al autor de los crímenes.

En junio de 1993, Rifkin estranguló a la prostituta Tiffany Bresciani y la llevó de vuelta a casa de su madre, parando en tiendas por el camino para conseguir cuerda y lona, mientras el cadáver de Bresciani yacía en el asiento trasero del coche de su madre. Cuando llegó a casa, ya estaba envuelta en una lona y escondida en el maletero.

Rifkin trasladó a Bresciani al garaje, dejando su cuerpo en una carretilla en el calor del verano durante tres días.

Iba a deshacerse del cadáver a unos 24 kilómetros al norte de su casa, cuando los agentes de policía observaron que le faltaba una matrícula trasera en su camión.

Cuando la policía intentó detener a Rifkin, éste inició una persecución a gran velocidad. Presa del pánico, estrelló su coche contra un poste de servicios públicos frente al juzgado local. Cuando los policías se acercaron al coche, detectaron un fuerte olor en la parte trasera del camión.

Procedía del cadáver putrefacto de Bresciani. La policía detuvo a Rifkin.

Los detectives de homicidios comenzaron a interrogar a Rifkin el 28 de junio de 1993. Describió los 17 asesinatos, escribiendo los nombres que recordaba e incluso dibujando mapas para ayudar a la policía a encontrar a las víctimas que seguían desaparecidas. Fue trasladado al centro penitenciario del condado de Nassau, en East Meadow, para prepararse para el juicio.

El 9 de mayo de 1994, Rifkin fue condenado a una pena de 25 años a cadena perpetua por asesinato, así como por imprudencia temeraria por conducir a la policía en una persecución en coche. Rifkin fue trasladado a la cárcel del condado de Suffolk poco después del juicio, donde se declaró culpable de otros dos cargos de asesinato. Recibió otras dos condenas consecutivas de 25 años a cadena perpetua. En enero de 1996, Rifkin debía cumplir al menos 183 años por siete asesinatos, con 10 cargos pendientes. Ese mismo año, tras varios conflictos con otros reclusos, los funcionarios de la prisión decidieron que la presencia de Rifkin en la prisión era perturbadora. Se le puso en régimen de aislamiento en el centro penitenciario de Attica durante 23 horas al día a lo largo de cuatro años.

En el año 2000, Rifkin intentó demandar a la prisión por violar sus derechos constitucionales, alegando que no debía estar en régimen de aislamiento. El tribunal falló a favor de la prisión. Los funcionarios de prisiones dicen que Rifkin está ahora encarcelado con más de 200 reclusos en Clinton a los que no se les permite mezclarse con la población penitenciaria general.

En 2002, el Tribunal Supremo de Nueva York rechazó la apelación de Rifkin a su condena por el asesinato de nueve mujeres.

· · ·

Rifkin cumple ahora 203 años de condena en el centro penitenciario de Clinton. Podrá obtener la libertad condicional en 2197, a la edad de 238 años.

6

David Berkowitz, el hijo de Sam

DAVID BERKOWITZ ES un asesino en serie estadounidense que asesinó a seis personas en Nueva York en 1976-77, sumiendo a la ciudad en pánico y desatando una de las mayores persecuciones de la historia de Nueva York.

Conocido como el Hijo de Sam y por utilizar una pistola calibre .44, Berkowitz fue detenido el 10 de agosto de 1977, 11 días después de su último asesinato, y fue condenado a seis penas consecutivas de 25 años de prisión.

El capitán Joseph Borrelli, del Departamento de Policía de Nueva York, fue uno de los miembros clave del Grupo Omega.

. . .

La Operación Omega era el grupo de trabajo dirigido por el subinspector Timothy Dowd para encontrar al psicópata que estaba matando a mujeres en varias partes de la ciudad con una pistola de calibre 44.

El "asesino del calibre 44" estaba teniendo mucha prensa y el nombre de Borrelli había aparecido con frecuencia. Ahora, el 17 de abril de 1977, estaba mirando una carta dirigida a él que había sido dejada en la escena del último de esta serie de asesinatos: Con faltas de ortografía, decía:

"Querido capitán Joseph Borrelli,

Estoy profundamente dolido por haberme llamado "odiador de demonios". No lo soy. Pero soy un monstruo.

Soy el "Hijo de Sam". Soy un pequeño mocoso.

Cuando el padre Sam se emborracha se vuelve malo. Golpea a su familia. A veces me ata a la parte trasera de la casa. Otras veces me encierra en el garaje. A Sam le encanta beber sangre.

'Sal y mata', ordena el padre Sam.

'Detrás de nuestra casa algunos descansan. La mayoría son jóvenes -- violados y masacrados -- su sangre drenada -- solo huesos ahora.

Papá Sam me mantiene encerrado en el ático también. No puedo salir pero miro por la ventana del ático y veo el mundo pasar.

Me siento como un extraño. Estoy en una longitud de onda diferente a la de todos los demás - programado para matar.

Sin embargo, para detenerme debes matarme. Atención a todos los policías: Dispárenme primero -- ¡disparen a matar o apártense de mi camino o morirán!

Papá Sam es viejo ahora. Necesita algo de sangre para preservar su juventud. Ha tenido demasiados ataques al corazón. 'Ugh, me duele, hijito'.

Lo que más extraño es mi linda princesa. Está descansando en nuestra casa de señoras. Pero la veré pronto.

. . .

Soy el 'Monstruo' -- 'Belcebú' -- el gordinflón.

Me encanta cazar. Merodeando por las calles en busca de caza justa... carne sabrosa. Las mujeres de Queens son las más bonitas de todas. Debe ser el agua que beben. Vivo para la caza... mi vida. Sangre para papá.

Sr. Borrelli, señor, no quiero matar más. No, no más pero debo 'honrar a mi padre'.

Quiero hacer el amor al mundo. Amo a la gente. No pertenezco a la tierra. Devuélveme a los yahoos.

A la gente de Queens, les quiero. Y quiero desearles a todos una feliz Pascua. Que Dios les bendiga en esta vida y en la siguiente."

La carta no tenía huellas dactilares útiles y el sobre había sido manipulado por tanta gente que si había alguna huella del asesino, se había perdido. Esta carta se filtró a la prensa a principios de junio y el mundo escuchó por fin el nombre de "Hijo de Sam".

· · ·

Una semana antes del último asesinato del Hijo de Sam, un trabajador municipal jubilado llamado Sam Carr, que vivía en Yonkers, Nueva York, con su mujer y sus hijos, recibió una carta anónima sobre su labrador negro, Harvey. El escritor se quejaba de los ladridos de Harvey.

El 19 de abril, dos días después del último asesinato, llegó al correo otra carta con la misma letra:

"Le he pedido amablemente que ese perro deje de aullar todo el día, pero sigue haciéndolo. Lo he suplicado. Le dije cómo esto está destruyendo a mi familia. No tenemos paz, ni descanso.

Ahora sé qué clase de persona eres y qué clase de familia tienes. Son crueles y desconsiderados. No tienes amor por ningún otro ser humano. Eres egoísta, Sr. Carr. Mi vida está destruida ahora. Ya no tengo nada que perder. Veo que no habrá paz en mi vida ni en la de mi familia hasta que acabe con la suya".

Carr y su mujer llamaron a la policía, pero lo único que hicieron fue escuchar con simpatía.

. . .

Diez días después, Carr oyó un disparo procedente de su patio trasero, donde descubrió al labrador negro sangrando en el suelo. Un hombre con pantalones vaqueros y camisa amarilla se alejaba corriendo.

Llevó a Harvey al veterinario, donde lo salvaron. Carr volvió a llamar a la policía. Esta vez, los patrulleros Peter Intervallo y Thomas Chamberlain examinaron las cartas y comenzaron una investigación.

En ese momento, la carta del Hijo de Sam al Capitán Borrelli no se había filtrado a los periódicos, por lo que nadie pensó en relacionar estas cartas con la carta de Borrelli.

Por otro lado, la Operación Omega estaba creciendo en tamaño y recursos. Se había ampliado a unos doscientos detectives. Con la ciudad sumida en el pánico, ser asignado al grupo operativo Omega se consideraba un honor.

Atrapar al autor de seis asaltos mortales supondría enormes premios para los detectives implicados, y ellos lo sabían. Era un incentivo adicional para dedicar largas horas a atrapar a este loco.

Sin embargo, esas largas horas de trabajo provocaban nerviosismo. Los detectives se peleaban por nimiedades, las relaciones con las esposas y los hijos se veían gravemente afectadas. El consumo de cafeína y alcohol aumentó. Se colocaron catres en el cuartel general de Omega para que los agentes pudieran dormir al menos unas horas antes de volver a empezar.

Varios agentes de gran talento se unieron a la Operación Omega: además del capitán Joe Borrelli, estaban el sargento Joseph Coffey y el detective Redmond Keenan.

La hija de Keenan, Rosemary, estuvo presente en uno de estos asaltos cuando su pareja resultó gravemente herida.

En definitiva, la Operación Omega estaba formada por la flor y nata de los detectives de Nueva York con un fuerte sentido de la misión.

Cuando el Hijo de Sam atacó por primera vez en la mañana del 29 de julio de 1976, nadie podía esperar que un asesino en serie estuviera haciendo su debut.

. . .

Dos jóvenes, Donna Lauria, una morena de dieciocho años, y su amiga Jody Valenti, de diecinueve, estaban hablando en el coche de Jody cerca de la entrada del edificio de apartamentos de Lauria en el Bronx, Nueva York. Debido a lo peligroso de la hora (la una de la madrugada), sus padres pasaron por el coche de camino a casa después de una noche de fiesta y le dijeron que era hora de subir.

Donna prometió que lo haría. Pero, después de que sus padres entraran, Donna se dio cuenta de que había un hombre de pie junto al lado del pasajero del coche.

"¿Quién es este tipo?", preguntó. "¿Qué quiere?"

Su pregunta no tuvo respuesta. El hombre sacó de una bolsa de papel una pistola Bulldog del calibre 44 de Charter Arms, se puso en cuclillas y disparó cinco veces contra el coche. Donna murió inmediatamente, alcanzada en el cuello. Jody, con un disparo en el muslo, se apoyó en el claxon mientras el hombre seguía apretando el gatillo, aunque la recámara estaba vacía.

. . .

Jody salió corriendo del coche, pidiendo ayuda a gritos. Pronto, el padre de Donna oyó el ruido y bajó corriendo. En pijama y descalzo, corrió con su coche hasta el hospital, con la esperanza de que los médicos pudieran salvar a su Donna.

La policía no pudo encontrar ningún motivo para el ataque. Finalmente, se planteó la hipótesis de que podría tratarse de una ejecución de la mafia con víctimas equivocadas o de un psicópata solitario. Jody, semi desconocida, consiguió dar una descripción del agresor. Pero, bajo presión, su descripción era insuficiente.

La noche del 23 de octubre de 1976, tres meses después del absurdo asesinato de la chica Lauria, Carl Denaro, de veinte años, bebía cerveza con sus amigos en un bar de Queens. En unos días entraría en las Fuerzas Aéreas para pasar al menos cuatro años. Tenía muchas ganas de vivir con sus amigos, ya que pasaría un tiempo antes de volver a verlos a todos. Entre su grupo había una chica, Rosemary Keenan, a la que conocía de la universidad.

La fiesta terminó pasada las 2:30 de la madrugada y Carl llevó a Rosemary a su casa. La pareja aparcó cerca de su casa y habló.

De repente, un hombre apareció fuera del lado del pasajero. Sacó una pistola y disparó cinco veces contra el coche, hiriendo a Carl en la cabeza. Aterrorizada, Rosemary condujo el coche de vuelta al bar, desde donde sus amigos llevaron a Carl al hospital. Allí, los cirujanos le sustituyeron una parte del cráneo dañado por una placa de metal. Sus lesiones le perseguirían el resto de su vida.

Poco más de un mes después, en la noche del 26 de noviembre de 1976, Donna DeMasi, de dieciséis años, y su amiga Joanne Lomino, de dieciocho, volvían a casa de una película a altas horas de la noche. El autobús paró cerca de la casa de Joanne. Joanne se fijó en un hombre que estaba cerca. Instó a su amiga a caminar más rápido. El hombre comenzó a seguirlas.

"¿Sabéis dónde...?", se dirigió a ellas como si fuera a preguntar por una dirección, pero no llegó a terminar la frase. En cambio, sacó una pistola de debajo de su chaqueta y les disparó. Las dos chicas fueron alcanzadas.

A continuación, el agresor vació su arma disparando contra una casa.

. . .

Al oír los gritos de las niñas, la familia de Joanne salió corriendo de su casa para ayudar a las niñas. Cuando llegaron al hospital, los cirujanos determinaron que Donna estaría bien. La bala había pasado a un cuarto de pulgada de su columna vertebral y había salido de su cuerpo. Joanne no tuvo tanta suerte. La bala le había destrozado la columna vertebral. Vivirá, pero como parapléjica.

De estos tres asaltos, ocurridos en dos zonas diferentes, el Bronx y Queens, sólo se había recuperado una bala intacta. Por lo tanto, la policía aún no podía vincular estos ataques a un solo individuo.

Las cosas se calmaron durante dos meses. Entonces, en la madrugada del 30 de enero de 1977, el asesino salió a la caza de su siguiente víctima.

Christine Freund, de 26 años, y su prometido John Diel salieron de The Wine Gallery en Queens alrededor de las 12:10 de la mañana y se dirigieron hacia su coche. Estaban demasiado absortos el uno en el otro como para observar al hombre que los había estado observando.

. . .

Mientras estaban sentados en el coche, dos disparos rompieron la noche, haciendo añicos el parabrisas. Christine se agarró la cabeza; los dos disparos la habían alcanzado. John apoyó su cabeza en el asiento del conductor y corrió en busca de ayuda, tratando de hacer señas a los coches que pasaban, pero fue en vano. Los habitantes de las casas cercanas habían oído disparos y llamaron a la policía.

Unas horas más tarde, Christine murió en el hospital.

El sargento detective Joe Coffey, de 43 años, era un irlandés grande y guapo, conocido por su dureza y dedicación. Él y el capitán Joe Borrelli se pusieron a trabajar en este último homicidio. Tenían dos teorías: que el asesino era un psicópata o alguien que tenía algo personal contra Christine Freund.

Coffey pudo comprobar que las balas utilizadas para matarla no eran las típicas. Habían salido de un arma potente y de gran calibre. Investigando más a fondo, descubrió que su asesinato coincidía con los otros asaltos a Donna Lauria, Donna DeMasi y Joanne Lomino.

. . .

Coffey tuvo la corazonada de que se trataba de un psicópata con una pistola del calibre 44, que acechaba a las mujeres en varias partes de la ciudad. Cuando su investigación empezó a dar frutos, se formó un grupo especial de homicidios bajo el mando del capitán Borrelli. Balística informó de que el arma empleada era una Bulldog del 44 de Charter Arms, un arma poco habitual.

Tras indagar en los antecedentes de los asesinatos y de sus víctimas, la policía no pudo encontrar ningún sospechoso registrado; tampoco pudo encontrar ningún hilo conductor que relacionara a las víctimas entre sí o con un tercero. Empezaba a parecer que un psicópata había elegido al azar a jóvenes atractivas para asesinarlas.

En la noche del martes 8 de marzo de 1977, una atractiva y joven estudiante de honor del Barnard College, llamada Virginia Voskerichian, regresaba a su casa después de las clases en la acomodada zona de Forest Hills Gardens.

Virginia era una joven muy talentosa y trabajadora que había huido de Bulgaria con su familia a finales de los años cincuenta.

. . .

Mientras seguía por la calle Dartmouth hacia su casa, un hombre se acercó a ella desde la dirección opuesta. Cuando estaban muy cerca, sacó una 44 y la apuntó. Ella levantó los libros para protegerse, pero un solo disparo le alcanzó en la cara. Virginia murió inmediatamente.

Mientras el asesino huía, se cruzó con un hombre que lo había presenciado todo. "Hola, señor", le dijo el asesino al hombre de mediana edad.

Un coche patrulla que pasaba por allí vio al hombre que corría. Pero, cuando escucharon por la radio que habían disparado a una mujer en la calle Dartmouth , abandonaron su plan de detener al hombre sospechoso y corrieron inmediatamente al lugar del crimen.

La policía se sintió impotente, incapaz de encontrar al asesino. Además, estos asesinatos estaban afectando enormemente a los agentes, que habían estado trabajando sin descanso para seguir todas las pistas posibles.

Laurence D. Klausner, en su libro *Son of Sam*, cita a Joe Borrelli sobre las consecuencias de este crimen.

. . .

"Si observas a los detectives en cualquier homicidio, te darás cuenta de que hacen su trabajo sin emoción…. No querían mirarla. Sabían que no tenía sentido. Era alguien hermoso y estaba tendido bajo la sábana, una bala en la cara la había destrozado. Empezó a agarrarlos, en las tripas, y se dieron la vuelta. Eran veteranos y no pudieron soportarlo".

Al día siguiente, la policía tuvo una coincidencia con la bala. Había salido de la misma pistola que había matado a Donna Lauria. Estaban buscando a un psicópata y sabían que iba a matar de nuevo. Un disparo al azar a una joven atractiva. ¿Cómo iban a evitarlo?

Al día siguiente, el comisario de policía dio una rueda de prensa para anunciar a la ciudad de Nueva York que habían relacionado los distintos tiroteos. El comisario declaró que la única descripción del asesino era la de "un hombre blanco, de entre veinticinco y treinta años, de 1,80 metros de altura, de complexión media y con el pelo oscuro".

Se puso más énfasis en encontrar a este psicópata antes de que volviera a matar.

. . .

El subinspector Timothy Dowd recibió el encargo de organizar el grupo operativo de la Operación Omega y de dotarlo de los hombres altamente experimentados que necesitaba. Dowd, originario de Irlanda, no era un policía típico. Este veterano de sesenta y un años se había licenciado en latín e inglés en el City College y había cursado un máster en negocios en la Baruch School del City College. Pragmático y persistente a pesar de los reveses políticos, no se desanimaba fácilmente.

El capitán Borrelli tenía un nuevo jefe. Esta serie de crímenes se había vuelto demasiado grande para ser manejada por un solo capitán.

Como era de esperar, el fantasma reapareció. El 17 de abril de 1977, dos jóvenes amantes estaban sentados besándose en su coche aparcado cerca de la Hutchinson River Parkway, no muy lejos de donde Donna Lauria había sido asesinada el año anterior. Valentina Suriani, de dieciocho años, aspirante a actriz y modelo, estaba sentada en el coche con su novio Alexander Esau, de veinte años, operador de grúas.

A las 3 de la madrugada de este domingo, otro coche se detuvo junto a ellos.

Su conductor les disparó dos veces a cada uno. Valentina murió inmediatamente y Alexander un poco más tarde en el hospital. Esto era justo lo que el departamento de policía había estado temiendo: el siguiente ataque inevitable en la serie de los asesinatos del calibre 44. Ese psicópata que seguiría matando hasta que se encontrara entre los millones de hombres que encajaban con su descripción.

Pero esta vez había algo diferente: la carta que el asesino dejó en la escena de los asesinatos dirigida al Capitán Borrelli. La carta en la que el asesino dio a la policía su "nombre": el Hijo de Sam.

El alcalde de la ciudad de Nueva York, Abraham Beame, convocó lo que consideró una conferencia de prensa muy necesaria para hablar del caso del Hijo de Sam. Era el tipo de nombre al que la prensa se agarra y crearía un personaje mediático. Beame temía todo el asunto: "Los asesinatos fueron un horror. La policía estaba bajo una terrible presión. Todo el mundo empezaba a cuestionar su capacidad para capturar al pistolero. La carta lo fusionó todo. Era un hombre contra toda una ciudad. Había escrito a un solo policía, pero sabía que no era ese capitán el que escribía. Eran todos los policías que le perseguían, los veinticinco mil".

El Dr. Martin Lubin, antiguo jefe de psiquiatría forense del Bellevue , junto con otros cuarenta y cinco psiquiatras, se reunieron para contribuir al perfil psicológico del hombre que buscaban. En mayo de 1977, la policía sabía que buscaba a un esquizofrénico paranoico, que podía considerarse poseído por un poder demoníaco. Es casi seguro que el asesino era un solitario que tenía dificultades para relacionarse, especialmente con las mujeres.

El grupo especial Omega se vio inundado de llamadas. Todo el mundo, al parecer, conocía al asesino: era el vecino que llegaba tarde a casa todas las noches, el cuñado raro que jugaba con armas todo el tiempo, el tipo raro del bar que odiaba a las chicas guapas. La lista de sospechosos era interminable. Había que comprobar y descalificar cada una de esas miles de pistas, una tarea ingente para cualquier grupo de trabajo.

Mientras la policía perseguía a todos los sospechosos, comprobaba los registros de armas del calibre 44, rastreaba las actividades de antiguos enfermos mentales y, en general, se desbordaba, el Hijo de Sam se había envalentonado con la publicidad. Decidió escribir a Jimmy Breslin, periodista del Daily News.

· · ·

"Hola desde las grietas de las aceras de NYC y desde las hormigas que habitan en estas grietas y se alimentan de la sangre seca de los muertos que se ha instalado en las grietas."

"Hola desde las alcantarillas de NYC, que están llenas de estiércol de perro, vómito, vino rancio, orina y sangre.

Hola desde las alcantarillas de NYC que se tragan estos manjares cuando son arrastrados por los camiones barredores."

"No creas que porque no has tenido noticias [de mí] durante un tiempo me he ido a dormir. No, más bien, sigo aquí. Como un espíritu que vaga por la noche.

Sediento, hambriento, rara vez me detengo a descansar; ansioso por complacer a Sam."

"Sam es un muchacho sediento. No dejará que deje de matar hasta que se sacie de sangre. Dime, Jim, ¿qué tendrás para el 29 de julio? Puedes olvidarte de mí si quieres porque no me interesa la publicidad.

Sin embargo, no debes olvidar a Donna Lauria y tampoco puedes dejar que la gente la olvide. Era una chica muy dulce."

"Sin saber lo que nos depara el futuro, me despido y nos vemos en el próximo trabajo... ¿O debería decir que verás mi trabajo en el próximo caso? Recuerde a la Sra. Lauria. Gracias."

"En su sangre y desde la cuneta... 'La creación de Sam'.44"

El Daily News retuvo algunas partes de la carta por insistencia de la policía. El pasaje omitido decía: "Aquí hay algunos nombres para ayudarte. Transmítalos al inspector para que los use el Centro NCIC [Centro Nacional de Información sobre el Crimen]. Tienen todo en el ordenador, todo. Podrían aparecer, de algunos otros crímenes. Tal vez puedan hacer asociaciones."

"Duque de la Muerte". Rey Malvado Wicker. Los veintidós Discípulos del Infierno. Y por último, John Wheaties, violador y asfixiador de jovencitas.

. . .

P.D., conduzcan, piensen en positivo, muevan el culo, golpeen ataúdes, etc."

De la carta se rescataron huellas dactilares parciales, que no sirvieron para encontrar al sospechoso, pero que serían valiosas para cotejarlas con un sospechoso una vez capturado.

El 10 de junio, un hombre llamado Jack Cassara, que vivía en New Rochelle , encontró en su buzón una extraña nota de bienvenida de alguien llamado Carr en Yonkers . La tarjeta incluía la imagen de un perro pastor alemán. Decía: "Querido Jack, siento lo de la caída que sufriste desde el tejado de tu casa. Sólo quiero decirte que lo siento, pero estoy segura de que no tardarás en sentirte mucho mejor, sano, bien y fuerte: Por favor, ten cuidado la próxima vez. Ya que vas a estar confinado durante mucho tiempo, haznos saber si Nann necesita algo. Sinceramente: Sam y Francis".

Cassara no se había caído del tejado ni había conocido a Sam y Francis Carr. Los llamó y, hablando de la extraña situación, acordaron reunirse en casa de los Carr esa noche.

. . .

Los Carr les contaron a los Cassara las extrañas cartas que habían recibido sobre su perro Harvey y cómo éste había sido disparado. Sam Carr les habló de un pastor alemán del vecindario al que también habían disparado.

Carr hizo que su hija, Trigo, despachadora de la policía de Yonkers, trajera a los agentes Intervallo y Chamberlain para que investigaran, mientras que Cassara había contactado con la policía de New Rochelle.

Más tarde, Stephen, el hijo de diecinueve años de Cassara, sacó una interesante conclusión. Recordó al tipo raro, David Berkowitz, que había alquilado brevemente una habitación en su casa a principios de 1976. "Nunca volvió por sus doscientos dólares de fianza cuando se fue.

Además, siempre le molestaba nuestro perro".

Nann Cassara, la esposa de Jack, llamó a los Carr, quienes prometieron que su hija haría que la policía de Yonkers actuara con esa información. También llamó a la policía de New Rochelle, que esperó unos dos meses después para devolverle la llamada.

. . .

Cuando se pusieron en contacto con ella, estaba segura de que Berkowitz era el Hijo de Sam.

El detective mencionó que Craig Glassman, un ayudante del sheriff y vecino de Berkowitz, había recibido una carta anónima en la que se hablaba de un grupo demoníaco compuesto por Glassman, los Cassaras y los Carrs. Sin embargo, todo eso demostraba que Berkowitz era un poco extraño, pero no un asesino ni el Hijo de Sam. La policía se enfrenta a menudo a comportamientos extraños, aunque perfectamente legales, por parte de los ciudadanos, pero no puede hacer mucho al respecto.

Mientras tanto, Chamberlain e Intervallo, de la policía de Yonkers, introdujeron el nombre de Berkowitz en su ordenador y se enteraron de su dirección, de la matrícula de su Ford Galaxy y del hecho de que su licencia acababa de ser suspendida.

A las 3 de la madrugada del 26 de junio de 1977, la atractiva y joven Judy Plácido se dirigió a Sal Lupo, el joven con el que estaba hablando, y le sugirió que ya era hora de que la llevara a casa desde el Elephas, una discoteca de Queens. La discoteca estaba casi vacía. El Hijo de Sam había adelgazado las multitudes en toda la ciudad.

"Este Hijo de Sam da mucho miedo", le dijo a Sal. "La forma en que ese tipo sale de la nada. Nunca sabes dónde va a golpear después".

Luego, como si acabara de predecir el futuro, relató: "De repente, oí un eco en el coche. No había dolor, sólo un zumbido en los oídos. Miré a Sal y tenía los ojos muy abiertos, igual que la boca. No había gritos. No sé por qué no grité.

"Todas las ventanas estaban cerradas. No podía entender qué era ese ruido de golpes. Después de eso, me sentí desorientado, aturdido".

La primera impresión de Sal fue que alguien había tirado piedras al coche, así que corrió a la discoteca para pedir ayuda.

Judy se miró en el espejo y se encontró cubierta de sangre.

Su brazo derecho estaba inmóvil. Se desplomó cuando intentó volver a la discoteca.

Sal también había sido golpeado en el antebrazo. Ambas víctimas tuvieron mucha suerte. Aunque Judy había recibido tres disparos, había evitado lesiones graves y la muerte.

Irónicamente, el detective Coffey había estado fuera del Elephas unos quince minutos antes del tiroteo. Una vez que le llegó la noticia por la radio, regresó al lugar de los hechos en un santiamén, pero no había nada que saber, ni de Judy ni de Sal, sobre la identidad del agresor.

Donna Lauria, la primera víctima del Hijo de Sam, había sido asesinada el 29 de julio de 1976. Teniendo en cuenta la carta que el Hijo de Sam envió al reportero Jimmy Breslin, en la que sólo se mencionaba a ella de forma destacada, la policía estaba preocupada por un asesinato de aniversario. Los periódicos hicieron saber que toda la ciudad esperaba otro asesinato en ese día o en torno a él.

El grupo especial Omega estaba desesperado. ¿Cómo proteger a toda una ciudad de mujeres jóvenes de un asesino al azar? El detective Coffey se planteó incluso colocar a los policías en coches blindados con maniquíes para intentar atraer al asesino.

. . .

Era un juego de espera. Las tensiones aumentaron sin cesar hasta el 29 de julio y los nervios estuvieron a flor de piel durante todo ese día y esa noche, pero nada de Hijo de Sam. Ese día no. Dos días después, cuando la policía empezaba a sentirse aliviada de que el aniversario hubiera pasado sin otro asesinato, el Hijo de Sam se cobró sus últimas víctimas.

En la madrugada del domingo 31 de julio de 1977, una joven bonita y vivaz llamada Stacy Moskowitz estaba sentada con su apuesto y joven novio Bobby Violante en el coche de su padre. Habían ido a ver una película y habían terminado la velada aparcados en un lugar tranquilo cerca de la bahía de Gravesend.

"¿Qué tal si damos un paseo por el parque?" Sugirió.

Stacy se mostró reticente. "¿Y si el Hijo de Sam se esconde allí?"

"Esto es Brooklyn, no Queens. Vamos", la instó. Salieron del coche y caminaron hacia los columpios del parque. Bobby se inclinó para besarla y ella vio algo.

. . .

"Alguien nos está mirando", susurró ella.

Bobby vio a un hombre cerca, pero el desconocido se apartó y desapareció detrás de los coches aparcados.

Stacy se asustó y quiso volver al coche. Cuando llegaron al coche, Stacy quiso marcharse, pero Bobby la convenció para que se quedara unos minutos más mientras se besaban.

"De repente", recordó Bobby, "oí como un zumbido. Primero me pareció oír que se rompía un cristal. Luego ya no oí a Stacy. No sentí nada, pero la vi caer lejos de mí. No sé quién recibió el primer disparo, si ella o yo".

Bobby Violante había recibido dos disparos en la cara. A Stacy le habían disparado una vez en la cabeza. Bobby podía oírla gemir. Golpeó el claxon del coche y luego se sacó del coche y pidió ayuda a gritos.

La policía acudió al lugar en poco tiempo y Stacy y Bobby se dirigieron al hospital de Coney Island.

. . .

Los padres de Stacy llegaron al hospital justo a tiempo para ver cómo la sacaban del hospital. La gravedad de sus heridas en la cabeza obligó a trasladarla al Kings County Hospital, donde las instalaciones para traumatismos craneales eran más amplias.

Juntos, los padres de Bobby y Stacy esperaron durante horas mientras los cirujanos trabajaban para salvar a sus hijos. Treinta y ocho horas después, Stacy Moskowitz murió. Bobby Violante sobrevivió, pero había perdido el ojo izquierdo y sólo tenía un 20% de visión en el ojo derecho.

El 3 de agosto de 1977, varios días después del ataque a Stacy Moskowitz y Bobby Violante, los dos policías de Yonkers, Chamberlain e Intervallo, hablaron de las extrañas cartas recibidas por los Carr y los Cassara y del tiroteo de los dos perros, el labrador de Carr y el pastor alemán de la calle Wicker.

Les preocupaba que si empezaban a investigar a este David Berkowitz, pareciera que estaban intentando hacer el trabajo de detectives en lugar de los patrulleros que eran. Procedieron con cautela y consultaron la red informática estatal sobre Berkowitz.

El ordenador dio un breve perfil de él a partir de su permiso de conducir. Berkowitz parecía tener aproximadamente la misma edad, altura y complexión que el Hijo de Sam, tal y como lo habían descrito varios testigos.

Los patrulleros hablaron con el agente de alquiler del edificio de la calle Pine 35 , lugar de residencia de Berkowitz. Todo lo que pudo decirle fue que pagaba su alquiler puntualmente y que en su solicitud de alquiler escribió que trabajaba en IBI Security en Queens . Esa escasa información indicaba que Berkowitz probablemente tenía algún conocimiento de armas si trabajaba para una empresa de seguridad.

A continuación, llamaron a IBI y descubrieron que Berkowitz había renunciado en julio de 1976 para trabajar en una empresa de taxis. El primer asesinato del Hijo de Sam fue en julio de 1976. Entre los dos, llamaron a un par de cientos de compañías de taxis con sede en el área del Bronx. Ninguna de ellas empleó a Berkowitz. Sin embargo, cientos de otras compañías de taxis operaban en el área del Gran Nueva York. Llamar a todas parecía insuperable.

. . .

Sin embargo, los dos policías estaban seguros de que habían dado con algo y se lo comunicaron a su jefe, que quedó impresionado con la información que habían recopilado. Les instó a hablar con el detective neoyorquino Richard Salvesen. Le mostraron a Salvesen todas las cartas. Éste quedó impresionado y accedió a transmitir la información al grupo especial Omega.

Otro avance en el caso se produjo un par de días después del tiroteo entre Moskowitz y Violante. La señora Cecilia Davis, una atractiva inmigrante austriaca de mediana edad, se presentó de mala gana con la afirmación de que había visto al hombre que disparó a la pareja. El detective Joe Strano fue a verla a su casa de la calle Bay 17, a una manzana del lugar del tiroteo.

Davis le dijo a Strano que llegó a su casa a primera hora de la mañana y tuvo que pasear a su perro Snowball.

Pensó que un hombre la estaba siguiendo. "...parecía que intentaba esconderse detrás de un árbol. Pero el árbol era demasiado pequeño, demasiado estrecho. Sobresalía. No dejaba de mirar en mi dirección…. Entonces empezó a caminar en mi dirección, esbozando una peculiar sonrisa.

. . .

No era nada siniestro, sólo un tipo de sonrisa amistosa, casi".

Cuando lo vio más de cerca, pensó que tenía una pistola oculta en la mano. "Me asusté. Entré en mi casa y empecé a quitarle el collar a Bola de Nieve. En ese momento oí unos estallidos, o algo que parecía un petardo. Eran algo fuertes, pero lejanos. En ese momento no le di demasiada importancia."

"A la mañana siguiente... había una multitud de personas en Shore Road . Fue entonces cuando me enteré de lo que había pasado la noche anterior. De repente me di cuenta de que debía haber visto al asesino. Entré en pánico y no pude decir nada....

"Nunca olvidaré su cara hasta el día de mi muerte. Fue aterrador".

Mientras tanto, las cosas parecían estallar por todas partes. El oficial Chamberlain de la policía de Yonkers respondió a una llamada sobre un presunto incendio provocado en el apartamento de Berkowitz en el 35 de la calle Pine .

La llamada había sido realizada por Craig Glassman, un enfermero y ayudante del sheriff a tiempo parcial. (Glassman había sido el compañero descrito en la carta de Berkowitz como uno de los grupos de demonios junto con los Cassaras y los Carrs).

Glassman explicó lo sucedido: "Olí el humo y corrí hacia la puerta. Cuando la abrí el fuego estaba casi apagado... Probablemente no se calentó lo suficiente como para disparar las balas". Mostró a Chamberlain las balas del calibre 22 que habían sido puestas en el fuego frente a su puerta".

Luego, Glassman les mostró las cartas de los chiflados que había recibido de Berkowitz, que vivía justo encima de él.

La letra era idéntica a la de las cartas que habían recibido los Carr.

Esa misma tarde, Sam Carr, todavía molesto por el disparo a su perro y por lo que consideraba una falta de acción por parte de la policía, siguió el asunto de forma independiente con el Grupo Especial Omega.

. . .

Se dirigió a la comisaría de policía donde tenía su sede el grupo operativo.

No pasó mucho cuando Sam Carr relató su historia de los disparos a los perros, las cartas extrañas y el excéntrico David Berkowitz. El grupo de trabajo llevaba muchos meses recibiendo pistas de personas que hablaban con tanta pasión como Sam Carr. Pusieron la información en una carpeta de prioridades de nivel dos y se olvidaron de ella... por un tiempo.

El hecho era que, a pesar de las excusas posteriores, Sam Carr les había entregado el nombre del asesino y se sentaron sobre él.

Dos días después, el 8 de agosto, Chamberlain e Intervallo llamaron al detective Salvesen para contarle el suceso de Craig Glassman y las cartas que éste había recibido. Una de las cartas era sorprendentemente confesional: "Es cierto que yo soy el asesino, pero Craig, los asesinatos están a tu cargo". Salvesen prometió informar inmediatamente al grupo de trabajo, pero la información no llegó a este durante días.

. . .

Mientras tanto, se encontraron por fin varias multas de tráfico que habían sido escritas la noche del tiroteo, fuera del apartamento del testigo Davis. Todas menos una fueron investigadas y no aportaron nada. Una última multa aún no había sido investigada - una que pertenecía a un hombre de Yonkers llamado David Berkowitz.

El detective Jimmy Justus llamó al Departamento de Policía de Yonkers y habló con Wheat Carr, la hija de Sam Carr, que había perdido a su perro. Ella le dio una verdadera charla sobre David Berkowitz y todo lo que su padre había tratado de impresionar a la policía días antes.

El oficial Chamberlain llamó a Justus poco después y le contó todo lo que sabía. Compararon notas.

Entonces, después de que la familia Carr y los oficiales Chamberlain e Intervallo hubieran atado todos los cabos repetidamente para la policía de Nueva York, estos últimos estaban más que ansiosos por ir a por el collar y la gloria que conllevaba. El 10 de agosto, Shea, Strano, William Gardella y John Falotico pusieron el 35 de Pine Street bajo vigilancia. El número de policías creció ya que todos querían participar en el arresto.

· · ·

Justo después de las 7:30 p.m., un hombre caucásico de gran estatura salió del edificio de apartamentos y pareció dirigirse hacia el Ford Galaxy de Berkowitz. La policía comenzó a acercarse a él. Falotico sacó su pistola y detuvo al hombre. "David, quédate donde estás", le advirtió.

"¿Son ustedes la policía?", quiso saber el hombre.

"Sí. No mueva las manos".

No era David Berkowitz, sino Craig Glassman, el ayudante del sheriff a tiempo parcial que se dio cuenta de que esos hombres que le rodeaban no eran la policía de Yonkers, sino "lo mejor" de la ciudad de Nueva York.

Glassman se dio cuenta rápidamente de que Berkowitz era sospechoso de los asesinatos del Hijo de Sam.

Varias horas después, otra figura salió del edificio de apartamentos, llevando una bolsa de papel. El hombre era pesado, con el pelo oscuro, y caminaba lentamente hacia el Ford Galaxy.

. . .

Esta vez, la policía esperó a que el hombre subiera al coche y pusiera la bolsa de papel en el asiento del copiloto. "¡Vamos!" gritó Falotico y los agentes avanzaron. El hombre que estaba dentro no vio a las figuras que se acercaban. Gardella llegó desde la parte trasera del coche y puso el cañón de su pistola contra la cabeza del hombre.

"¡Quieto!", gritó. "¡Policía!"

El hombre que estaba dentro del coche se dio la vuelta y les sonrió como un idiota. Falotico le dio instrucciones muy explícitas para que saliera lentamente del coche y pusiera las manos en el techo. El hombre obedeció, todavía sonriendo.

"Ahora que te tengo a ti", dijo Falotico, "¿a quién tengo yo?".

"Ya sabes", dijo el hombre amablemente.

"No, no lo sé. Dígamelo usted".

. . .

Todavía con su sonrisa imbécil, respondió: "Soy Sam. David Berkowitz".

El día de la detención de Berkowitz, el sargento Joseph Coffey fue llamado para entrevistarlo. Con calma y franqueza, David le contó cada uno de los tiroteos. Cuando terminó la entrevista no había duda de que Berkowitz era el Hijo de Sam. Los detalles que proporcionó sobre cada asalto eran trozos de información que sólo el asesino podría conocer.

Al final de la sesión, Berkowitz le deseó amablemente "buenas noches". Coffey estaba sorprendido por Berkowitz. "Cuando entré por primera vez en esa habitación estaba lleno de rabia. Pero después de hablar con él.... me da pena. Ese hombre es un maldito vegetal".

Aunque David no empezó su vida en las circunstancias más auspiciosas, creció en una familia de clase media con unos padres adoptivos muy cariñosos que le colmaron de regalos y atenciones. Su verdadera madre, Betty Broder, creció en el barrio de Bedford-Stuyvesant de Brooklyn. Su familia era pobre y tuvo que luchar para sobrevivir durante la Depresión. Su familia judía se opuso a su matrimonio con Tony Falco, que era italiano y gentil.

Los dos reunieron algo de dinero para abrir un mercado de pescado en 1939. Luego, Betty tuvo una hija, Roslyn. Después, las cosas no fueron bien en el matrimonio de los Falco y Tony la dejó por otra mujer. La pescadería quebró y Betty tuvo que criar sola a Roslyn.

La soledad de ser madre soltera se alivió cuando comenzó un romance con un hombre casado llamado Joseph Kleinman. Pero las cosas se torcieron cuando se quedó embarazada. Kleinman se negó a pagar la manutención de su hijo y juró dejarla si no renunciaba al bebé. Incluso antes de que naciera David, el 1 de junio de 1953, ella había tramitado su adopción.

Su tristeza por renunciar a su hijo se vio mitigada por el hecho de saber que una buena pareja judía estaba dispuesta a adoptarlo. Sin su recién nacido, Betty reanudó su relación con Kleinman hasta que éste murió de cáncer en 1965.

David tuvo la suerte de ser adoptado por Nat y Pearl Berkowitz, una pareja sin hijos que se volcó en su nuevo hijo. Tuvo una infancia normal en el Bronx, sin señales claras de lo que estaba por venir.

. . .

Quizás el factor más significativo en su vida fue que era un solitario. Sus padres no eran especialmente sociables y David tampoco lo era.

Siempre fue grande para su edad y siempre se sintió diferente y menos atractivo que sus compañeros. Durante toda su juventud se sintió incómodo con otras personas.

Practicaba un deporte, el béisbol, y lo hacía bien.

Sus vecinos lo recuerdan como un chico guapo pero con una vena violenta, un matón que agredía a los niños del barrio sin motivo aparente. Era hiperactivo y muy difícil de controlar para Pearl y Nat.

David no se dio cuenta de que Pearl había sufrido un cáncer de mama antes de que él naciera. Cuando reapareció en 1965 y de nuevo en 1967, David se sorprendió.

Nat no había mantenido a su hijo adoptivo muy bien informado sobre el pronóstico y, por lo tanto, David se sorprendió al ver lo mal que Pearl se disipaba por la quimioterapia y la propia enfermedad. Quedó desolado cuando Pearl murió en el otoño de 1967.

Cuando David era un adolescente, sus padres intentaron huir de su cambiante vecindario a la seguridad de la clase media del enorme desarrollo de rascacielos de Co-Op City. Cuando su apartamento estaba listo, Pearl había muerto. David y su padre vivían solos en el nuevo apartamento.

Tras la muerte de Pearl, David empezó a deteriorarse. Su promedio de calificaciones cayó en picada. Su fe en Dios se tambaleó. Comenzó a imaginar que su muerte era parte de un plan para destruirlo. Se volvió más y más introvertido.

En 1971, Nat se volvió a casar con una mujer que no se llevaba bien con David. La pareja se trasladó a una comunidad de jubilados de Florida sin él, dejándole a la deriva, sin un propósito ni una meta. Se limitó a existir hasta que su vida de fantasía se hizo más fuerte que su vida real.

. . .

Tuvo una relación con una chica llamada Iris Gerhardt. La relación era más bien una fantasía por parte de Berkowitz. Iris lo consideraba sólo un amigo. Asistió a algunas clases en el Bronx Community College, más para apaciguar a Nat que para otra cosa.

David se alistó en el ejército en el verano de 1971 y permaneció allí durante tres años. Era un excelente tirador, especialmente hábil con los rifles. Durante su estancia en el ejército, se convirtió brevemente del judaísmo a la fe baptista, pero luego perdió el interés.

En un momento dado, David encontró a su madre biológica, Betty Falco. Ella y su hija Roslyn hicieron todo lo posible para que David se sintiera bienvenido en su familia. Durante un tiempo, funcionó y David parecía feliz en su compañía, pero con el tiempo también se alejó de ellas, poniendo excusas para no venir a visitarlas.

La ira y la frustración con las mujeres, unidas a una extraña vida de fantasía, le llevaron por el camino de la violencia cuando salió del ejército en 1974. La única experiencia sexual consumada con una mujer que tuvo fue con una prostituta en Corea. Contrajo una enfermedad venérea como recuerdo.

Antes de que empezaran los asesinatos, David había provocado unos 1.488 incendios en la ciudad de Nueva York y llevaba un diario de cada uno de ellos. Estaba actuando una fantasía de control. Robert Ressler, en su libro *"Whoever Fights Monsters"*, explica: "A la mayoría de los pirómanos les gusta sentir que son responsables de la emoción y la violencia de un incendio. Con el simple acto de encender cerillas, controlan acontecimientos de la sociedad que normalmente no se controlan; orquestan el incendio, la llegada y el despliegue a gritos de los camiones de bomberos y de los bomberos, las multitudes que se reúnen, la destrucción de bienes y a veces de personas."

Klausner señala en su libro que el estado de ánimo de David en noviembre era muy sombrío cuando escribió a su padre en Florida: "Hace frío y está sombrío aquí en Nueva York, pero está bien porque el tiempo se ajusta a mi estado de ánimo: sombrío. Papá, el mundo se está volviendo oscuro. Cada vez lo noto más. La gente, está desarrollando un odio hacia mí. No creerías lo mucho que me odian algunas personas. Muchos de ellos quieren matarme. Ni siquiera conozco a esa gente, pero aun así me odian. La mayoría son jóvenes. Voy por la calle y me escupen y patean. Las chicas me llaman fea y son las que más me molestan. Los chicos sólo se ríen. De todos modos, las cosas cambiarán pronto para mejor".

Esta carta era un verdadero grito de auxilio. Después de escribir la carta, se encerró en su pequeño apartamento durante casi un mes, saliendo sólo para comer.

Escribió cosas extravagantes en las paredes con un rotulador: "En este agujero vive el Rey Malvado. Mata para mi Amo. Convierto a los niños en Asesinos".

Alrededor de la Navidad de 1975, David afirmó más tarde a los psiquiatras que se entregaba a los demonios con la esperanza de que dejaran de atormentarle si hacía lo que le pedían. En la víspera de Navidad, se encontraba en una crisis mental y emocional. A primera hora de la noche cogió un gran cuchillo de caza y condujo durante horas en busca de una joven víctima. Los demonios le harían saber cuándo encontrara a la mujer adecuada.

Esa noche, había regresado a Co-Op City, donde él y Nat habían compartido el apartamento solitario después de la muerte de Pearl. Una mujer salía de una tienda de comestibles. De repente, los demonios de David le ordenaron que la matara. "Hay que sacrificarla", le dijeron.

Le clavó el cuchillo de caza en la espalda una y otra vez.

La reacción de ella le sorprendió. "La apuñalé y ella no hizo nada. Sólo se giró y me miró". Entonces ella empezó a gritar y él salió corriendo. Más tarde, la policía intentó sin éxito verificar esta historia.

Entonces vio a otra joven. Escondió el cuchillo y la atacó por detrás, apuñalándola en la cabeza. Michelle Forman, de 15 años, resultó gravemente herida, pero se defendió. Sus gritos asustaron a David y pudo llegar a uno de los edificios de apartamentos para pedir ayuda. Tenía seis heridas de cuchillo de caza. El ataque a Michelle apaciguó los demonios de David por el momento.

Después de los dos ataques de Nochebuena, David volvió a su trabajo de guardia de seguridad en IBI Security. En enero se mudó de su diminuto apartamento en el Bronx a una casa bifamiliar en Yonkers, propiedad de Jack y Nann Cassara. Quería un contrato de alquiler de dos años y pagó una fianza de 200 dólares.

El pastor alemán de Cassara era un perro ruidoso y aullaba con frecuencia. Los perros del vecindario respondían con aullidos.

. . .

En la mente enferma de David, los demonios vivían dentro de los perros y sus aullidos eran la forma en que le ordenaban a David ir a la caza de sangre, la sangre de mujeres jóvenes y bonitas.

Berkowitz fue llevado al límite: "Llegaba a casa, a la avenida Coligni, como a las seis y media de la mañana. Entonces empezaban los aullidos. En mis días libres, también lo oía toda la noche. Me hacía gritar. Solía gritar rogando que el ruido se detuviera. Nunca lo hacía.

"Los demonios nunca paraban. No podía dormir. No tenía fuerzas para luchar. Apenas podía conducir. Volviendo a casa del trabajo una noche, casi me mato en el coche. Necesitaba dormir.... Los demonios no me daban tregua".

Después de tres meses, se mudó de la casa de los Cassara a un apartamento en el 35 de Pine Street en Yonkers, sin pedir que le devolvieran el depósito de seguridad. Los Cassara habían asumido un papel aterrador en la vida familiar de David: "Cuando me mudé, los Cassara parecían muy agradables y tranquilos. Pero me engañaron. Me mintieron. Pensé que eran miembros de la raza humana. Y no lo eran.

De repente, los Cassaras empezaron a aparecer con los demonios. Empezaron a aullar y a gritar. "¡Sangre y muerte! ¡Gritaron los nombres de los maestros! El Monstruo de la Sangre, John Wheaties, el General Jack Cosmo". A medida que las fantasías de David se desarrollaban, Cassara se convirtió en el general Jack Cosmo, comandante en jefe de los perros del diablo que vagaban por las calles de Nueva York . Los demonios tenían una necesidad constante de sangre que David ayudaba a reponer con sus asaltos asesinos.

El apartamento de David en la calle Pine también tenía sus perros. El labrador negro de Sam Carr, por ejemplo.

David intentó matar al demonio que acechaba a Harvey con un cóctel molotov, pero se esfumó. Finalmente, disparó a Harvey con una pistola.

Sam Carr, en la elaborada ilusión de David, era el anfitrión de un poderoso demonio llamado Sam que trabajaba para el general Jack Cosmo. Cuando David se llamaba a sí mismo el Hijo de Sam, era el demonio que vivía en Sam Carr al que se refería. David advirtió a la gente que debían tomarlo en serio. "Este Sam y sus demonios han sido responsables de muchas matanzas".

Desafortunadamente, en el esquema de cosas de David, sólo Dios podía destruir a Sam en el Armagedón. En varios momentos en la mente de David, Sam era el Diablo.

El día antes de asesinar a Donna Lauria, David dejó su trabajo como guardia de seguridad nocturno y se puso a trabajar como taxista. Afirma que no quería matar a Donna y a su amiga Jody, pero los demonios le obligaron a disparar. Pero una vez hecho, sintió placer, el agotamiento de hacer un trabajo bien hecho. Sam estaba complacido. Lo suficientemente complacido como para prometerle a Donna como novia. Sam había hecho creer a David que Donna resucitaría algún día de entre los muertos para unirse a él.

David fue clasificado por los psiquiatras de la defensa como un esquizofrénico paranoico. Creían que las dificultades de David para relacionarse con la gente lo llevaban a un mayor aislamiento. El aislamiento era un terreno fértil para las fantasías salvajes. Con el tiempo, las fantasías se desplazaron a la realidad y David vivió en un mundo poblado por los demonios que su mente había creado. A medida que su estado mental se deterioraba, la tensión crecía y sólo se liberaba cuando atacaba a alguien con éxito.

Durante un breve periodo de tiempo, las agresiones aliviaban las tensiones, pero inevitablemente éstas volvían a aumentar y el ciclo se repetía.

Cuando fue detenido, David permaneció tranquilo y sonriente. Parecía como si se sintiera aliviado por haber sido capturado. Tal vez pensó que, por fin, en la cárcel los perros del demonio dejarían de aullar pidiendo sangre.

Sin embargo, según el Dr. David Abrahamsen, psiquiatra forense de la acusación, "aunque el acusado muestra rasgos paranoicos, éstos no interfieren en su aptitud para ser juzgado: el acusado es tan normal como cualquier otro. Quizá un poco neurótico".

Al final, no importó porque David Berkowitz se declaró culpable. Fue condenado a 365 años de cárcel.

7

Harold Shipman, el doctor británico asesino

EL ASESINO en serie británico Harold Shipman asistió a la Facultad de Medicina de Leeds y comenzó a trabajar como médico en 1970. Desde entonces hasta su detención en 1998, mató al menos a 215 y posiblemente hasta 260 de sus pacientes, inyectándoles dosis letales de analgésicos.

Harold Frederick Shipman, conocido como "Fred", nació el 14 de enero de 1946 en el seno de una familia de clase trabajadora y fue el hijo favorito de su dominante madre, Vera. Ella le inculcó un temprano sentido de superioridad que empañó la mayoría de sus relaciones posteriores, dejándole como un adolescente aislado con pocos amigos.

. . .

Cuando a su madre se le diagnosticó un cáncer de pulmón terminal, supervisó de buen grado su cuidado mientras declinaba, fascinado por el efecto positivo que la administración de morfina tenía sobre su sufrimiento, hasta que sucumbió a la enfermedad el 21 de junio de 1963. Devastado por su muerte, estaba decidido a estudiar medicina, y fue admitido en la facultad de medicina de la Universidad de Leeds para formarse dos años más tarde, tras haber suspendido los exámenes de ingreso la primera vez, antes de hacer las prácticas en el hospital.

Todavía solitario, conoció a su futura esposa, Primrose, a los 19 años, y se casaron cuando ella tenía 17 años y estaba embarazada de cinco meses de su primer hijo.

En 1974 fue padre de dos hijos y se incorporó a una consulta médica en Todmorden (Yorkshire), donde al principio prosperó como médico de familia, antes de que supuestamente se hiciera adicto al analgésico petidina.

Falsificó recetas de grandes cantidades de droga y se vio obligado a dejar la consulta cuando fue descubierto por sus colegas médicos en 1975, momento en el que ingresó en un programa de rehabilitación de drogas.

. . .

En la investigación posterior, recibió una pequeña multa y una condena por falsificación.

Unos años más tarde, Shipman fue aceptado en la plantilla del Centro Médico Donneybrook de Hyde, donde se congració como médico trabajador, que gozaba de la confianza de pacientes y colegas por igual, aunque tenía fama de arrogante entre el personal subalterno.

Permaneció allí durante casi dos décadas, y su comportamiento sólo suscitó el interés de otros profesionales de la salud.

El empresario de pompas fúnebres local se dio cuenta de que los pacientes del Dr. Shipman parecían morir a un ritmo inusualmente alto y mostraban posturas similares al morir: la mayoría estaban completamente vestidos y, por lo general, sentados o reclinados en un sofá. Le preocupó lo suficiente como para hablar directamente con Shipman, quien le aseguró que no había nada de qué preocuparse. Más tarde, otra colega médica, la Dra. Susan Booth, también encontró la similitud inquietante, y alertó a la oficina del forense local, que se puso en contacto con la policía.

. . .

Se llevó a cabo una investigación encubierta, pero Shipman fue absuelto, ya que parecía que sus registros estaban en orden. La investigación no se puso en contacto con el Consejo Médico General ni comprobó los antecedentes penales, que habrían permitido conocer los antecedentes de Shipman. Posteriormente, una investigación más exhaustiva reveló que Shipman alteró los historiales médicos de sus pacientes para corroborar sus causas de muerte.

Escondido detrás de su condición de médico de cabecera, es casi imposible establecer con exactitud cuándo empezó Shipman a matar a sus pacientes, o incluso cuántos murieron a sus manos, y su negación de todos los cargos no ayudó a las autoridades. De hecho, su ola de asesinatos sólo llegó a su fin gracias a la determinación de Angela Woodruff, la hija de una de sus víctimas, que se negó a aceptar las explicaciones dadas sobre la muerte de su madre.

Kathleen Grundy, una activa y adinerada viuda de 81 años, fue encontrada muerta en su casa el 24 de junio de 1998, tras una visita anterior de Shipman. Shipman informó a Woodruff de que no era necesaria una autopsia y Grundy fue enterrada de acuerdo con los deseos de su hija.

Woodruff era abogada y siempre se había ocupado de los asuntos de su madre, por lo que se sorprendió al descubrir que existía otro testamento en el que se dejaba la mayor parte del patrimonio de su madre al Dr. Shipman. Woodruff estaba convencida de que el documento era falso y de que Shipman había asesinado a su madre, falsificando el testamento para beneficiarse de su muerte.

Alertó a la policía local, donde el comisario Bernard Postles no tardó en llegar a la misma conclusión tras examinar las pruebas.

El cuerpo de Grundy fue exhumado y la autopsia reveló que había muerto de una sobredosis de morfina, administrada a las tres horas de su muerte, precisamente en el marco de la visita de Shipman a ella. El domicilio de Shipman fue allanado, y se encontraron historiales médicos, una extraña colección de joyas y una vieja máquina de escribir que resultó ser el instrumento en el que se había redactado el testamento falsificado de Grundy.

A partir de los historiales médicos incautados, la policía se dio cuenta inmediatamente de que el caso se extendería más allá de la única muerte en cuestión, y se dio prioridad a las muertes que sería más productivo investigar, es decir, las víctimas que no habían sido incineradas y que habían muerto tras una visita a domicilio de Shipman, a las que se les dio prioridad.

Shipman había instado a las familias a incinerar a sus parientes en un gran número de casos, subrayando que no era necesario seguir investigando sus muertes, incluso en los casos en los que estos parientes habían muerto por causas desconocidas para las familias. En las situaciones en las que sí se planteaban preguntas, Shipman proporcionaba notas médicas informatizadas que corroboraron sus pronunciamientos sobre la causa de la muerte.

La policía determinó más tarde que, en la mayoría de los casos, Shipman alteraba estas notas médicas directamente después de matar al paciente, para asegurarse de que su relato coincidía con los registros históricos. Lo que Shipman no había comprendido era que cada alteración de los registros quedaba registrada por el ordenador, lo que permitía a la policía determinar exactamente qué registros habían sido alterados.

Tras extensas investigaciones, que incluyeron numerosas exhumaciones y autopsias, la policía acusó a Shipman de

15 cargos individuales de asesinato el 7 de septiembre de 1998, así como de un cargo de falsificación.

El juicio de Shipman comenzó en el Tribunal de la Corona de Preston el 5 de octubre de 1999. Los intentos de su consejo de defensa de que se juzgara a Shipman en tres fases distintas, es decir, casos con pruebas físicas, casos sin ellas y el caso Grundy (en el que la falsificación lo diferenciaba de otros casos), así como de que se presentaran pruebas condenatorias relacionadas con la acumulación fraudulenta de morfina y otras drogas por parte de Shipman, fueron desestimados, y el juicio prosiguió con los 16 cargos incluidos en la acusación.

La acusación afirmó que Shipman había matado a los 15 pacientes porque disfrutaba ejerciendo el control sobre la vida y la muerte, y rechazó cualquier afirmación de que hubiera actuado con compasión, ya que ninguna de sus víctimas sufría una enfermedad terminal.

Woodruff compareció como primera testigo. Su forma de actuar y su relato de su incansable determinación de llegar a la verdad impresionaron al jurado, y los intentos de la defensa de Shipman por debilitarla fueron en gran medida infructuosos.

Después, el patólogo del gobierno condujo al tribunal a través de los espantosos resultados de la autopsia, donde la toxicidad de la morfina fue la causa de la muerte en la mayoría de los casos.

Luego, el análisis de las huellas dactilares del testamento falsificado demostró que Grundy nunca había manipulado el testamento, y su firma fue descartada por un perito calígrafo como una burda falsificación.

Por último, un analista informático de la policía testificó cómo Shipman había alterado sus registros informáticos para crear síntomas que sus pacientes muertos nunca tuvieron, en la mayoría de los casos a las pocas horas de su muerte.

A medida que el juicio avanzaba hacia otras víctimas y los relatos de sus familiares, el patrón de comportamiento de Shipman se hizo mucho más claro.

La falta de compasión, el desprecio por los deseos de los familiares que los atendían y la reticencia a intentar reanimar a los pacientes ya eran bastante malos, pero también salió a la luz otro fraude: fingía llamar a los servicios de emergencia en presencia de los familiares y luego cancelaba la llamada cuando se descubría que el paciente estaba muerto. Los registros telefónicos mostraron que no se realizaban llamadas reales.

Finalmente, se presentaron pruebas de su acaparamiento de medicamentos, con la prescripción falsa a pacientes que no necesitaban morfina, la prescripción excesiva a otros que sí la necesitaban, así como pruebas de sus visitas a los hogares de los recién fallecidos para recoger los suministros de medicamentos no utilizados para su "eliminación".

El comportamiento altivo de Shipman a lo largo del juicio no ayudó en nada a su defensa a pintar la imagen de un profesional sanitario dedicado. A pesar de sus intentos, su arrogancia y sus constantes cambios de historia, cuando era sorprendido en evidentes mentiras, no contribuyeron a que el jurado lo apreciara.

Tras un meticuloso resumen del juez, y una advertencia al jurado de que nadie había presenciado realmente el asesinato de ninguno de sus pacientes, el jurado quedó suficientemente convencido por el testimonio y las pruebas presentadas, y declaró unánimemente a Shipman culpable de todos los cargos: 15 cargos de asesinato y uno de falsificación, en la tarde del 31 de enero de 2000.

El juez dictó quince cadenas perpetuas, así como una condena de cuatro años por falsificación, que conmutó por una condena de "cadena perpetua", eliminando así cualquier posibilidad de libertad condicional. Shipman fue encarcelado en la prisión de Durham.

El hecho de que un médico haya matado a 15 pacientes provocó un escalofrío en la comunidad médica, pero esto resultó ser insignificante a la luz de otras investigaciones que profundizaron en su historial de casos de pacientes.

Una auditoría clínica realizada por el profesor Richard Baker, de la Universidad de Leicester, examinó el número y el patrón de muertes en la consulta de Shipman y los comparó con los de otros médicos. Descubrió que las tasas de mortalidad entre sus pacientes de edad avanzada eran significativamente más altas, agrupadas en ciertas horas del día y que Shipman asistía a un número desproporcionadamente alto de casos. La auditoría estima que puede haber sido responsable de la muerte de al menos 236 pacientes en un periodo de 24 años.

· · ·

Por otra parte, una comisión de investigación presidida por la jueza del Tribunal Superior, Dame Janet Smith, examinó los expedientes de 500 pacientes que murieron mientras estaban bajo el cuidado de Shipman, y el informe de 2.000 páginas concluyó que era probable que hubiera asesinado al menos a 218 de sus pacientes, aunque esta cifra fue ofrecida por Dame Janet como una estimación, más que como un cálculo preciso, ya que ciertos casos no presentaban pruebas suficientes para permitir la certeza.

La comisión especuló además con la posibilidad de que Shipman fuera "adicto a matar", y criticó los procedimientos de investigación de la policía, afirmando que la falta de experiencia de los agentes encargados de la investigación hizo que se perdieran oportunidades de llevar a Shipman ante la justicia antes.

De hecho, es posible que se cobrara su primera víctima a los pocos meses de obtener su licencia para ejercer la medicina, Margaret Thompson, de 67 años, que murió en marzo de 1971 mientras se recuperaba de un derrame cerebral, pero las muertes anteriores a 1975 nunca se probaron oficialmente.

· · ·

Sea cual sea el número exacto, la magnitud de sus actividades asesinas hizo que Shipman pasara de ser el asesino de pacientes británico al asesino en serie más prolífico del mundo. Permaneció en la prisión de Durham durante todas estas investigaciones, manteniendo su inocencia, y fue defendido firmemente por su esposa Primrose y su familia. En junio de 2003 fue trasladado a la prisión de Wakefield, lo que facilitó las visitas de su familia.

El 13 de enero de 2004, Shipman fue descubierto colgado en su celda de la prisión de Wakefield, habiendo utilizado sábanas atadas a los barrotes de la ventana de su celda.

Sigue habiendo cierto misterio sobre el paradero de sus restos, ya que algunos afirman que su cuerpo sigue en una morgue de Sheffield, mientras que otros creen que su familia tiene la custodia de su cuerpo, creyendo que puede haber sido asesinado en su celda, y deseando retrasar su entierro a la espera de más pruebas.

Conclusión

De seguro, a través de la lectura de estas páginas, te has encontrado con casos plenamente horrorosos. La planificación de Harold Shipman, el fanatismo de David Berkowitz y lo sádico de H.H Holmes son escenas de la humanidad que nadie quisiera repetir.

Cada uno de estos asesinos, si prestamos atención, vienen de familias problemáticas; crecidos en la soledad y abusados por su situación se desarrollaron de forma tal que dejaron de sentir empatía humana hacia el otro. Poco a poco se sumieron en las sombras. Lo trágico es que, no solamente ellos mismos se sumieron en las sombras, sino que buscaron sumir a otras personas, las cuales serían víctimas de los más horrorosos asesinatos.

· · ·

Para concluir este texto, es necesario repasar las teorías importantes alrededor de los asesinos en serie. Se han propuesto teorías sobre por qué ciertas personas cometen asesinatos en serie. Algunos teóricos creen que las razones son biológicas, sugiriendo que los asesinos en serie nacen, no se hacen, y que su comportamiento violento es el resultado de una actividad cerebral anormal. Holmes y Holmes creen que "hasta que no se pueda obtener y probar una muestra fiable, no se puede hacer ninguna afirmación científica sobre el papel exacto de la biología como factor determinante de la personalidad de un asesino en serie".

El "Síndrome de la Identidad Fracturada" (FIS) es una fusión de las teorías del "yo en el espejo" de Charles Cooley y de la "identidad social virtual" y "real" de Erving Goffman. El FIS sugiere que un acontecimiento social, o una serie de acontecimientos, durante la infancia provoca una fractura de la personalidad del asesino en serie. El término "fractura" se define como una pequeña ruptura de la personalidad que a menudo no es visible para el mundo exterior y que sólo siente el asesino.

También se ha sugerido la "teoría del proceso social" como explicación del asesinato en serie.

. . .

La teoría del proceso social afirma que los delincuentes pueden recurrir al crimen debido a la presión de los compañeros, la familia y los amigos. El comportamiento delictivo es un proceso de interacción con las instituciones sociales, en el que todo el mundo tiene el potencial para el comportamiento delictivo. La falta de estructura familiar y de identidad también podría ser una causa que lleve a los rasgos del asesinato en serie. Un niño utilizado como chivo expiatorio se verá privado de su capacidad de sentir culpa. La ira desplazada podría dar lugar a la tortura de animales, como se identifica en la tríada de Macdonald, y a una mayor falta de identidad básica.

La "teoría militar" se ha propuesto como explicación de por qué los asesinos en serie matan, ya que algunos asesinos en serie han servido en el ejército o en campos relacionados. Según Castle y Hensley, el 7% de los asesinos en serie estudiados tenían experiencia militar.

Esta cifra puede ser una sub representación proporcional si se compara con el número de veteranos militares en la población total de un país. Por ejemplo, según el censo de Estados Unidos del año 2000, los veteranos militares constituían el 12,7% de la población estadounidense; en Inglaterra, se estimaba en 2007 que los veteranos militares constituían el 9,1% de la población.

Aunque, por el contrario, alrededor del 2,5% de la población de Canadá en 2006 estaba formada por veteranos militares.

Hay dos teorías que pueden utilizarse para estudiar la correlación entre el asesinato en serie y el entrenamiento militar: La teoría del aprendizaje aplicado afirma que los asesinatos en serie se pueden aprender. Los militares se entrenan para conseguir un mayor número de asesinatos por parte de los soldados, a la vez que los entrenan para que se insensibilicen a la hora de quitar una vida humana. La teoría del aprendizaje social se puede utilizar cuando los soldados son alabados y acomodados por matar. Aprenden, o creen que aprenden, que es aceptable matar porque fueron elogiados por ello en el ejército. Los asesinos en serie quieren una acreditación por el trabajo que han realizado.

Tanto en los asesinatos militares como en los asesinatos en serie, el agresor o el soldado pueden llegar a insensibilizarse a la hora de matar, así como a compartimentar; los soldados no ven al personal enemigo como "humano" y tampoco los asesinos en serie ven a sus víctimas como humanos.

. . .

Las teorías no implican que las instituciones militares hagan un esfuerzo deliberado para producir asesinos en serie; por el contrario, todo el personal militar recibe formación para reconocer cuándo, dónde y contra quién es apropiado usar la fuerza letal, lo que comienza con la Ley básica de la guerra terrestre, que se enseña durante la fase de formación inicial, y puede incluir políticas más estrictas para el personal militar de las fuerzas del orden o de seguridad. También se les enseña ética en la formación básica.

Ahora que ya tienes la teoría y los ejemplos en carne viva de lo que son los asesinos en serie, anda con más cuidado.

Recuerda que la mayor parte de los asesinos en serie se ven como tipos, normales, tranquilos, incluso a veces atractivos: podrían encontrarse en cualquier desconocido.

Bibliografía

- Baldwin, James, *The Evidence of Things Not Seen*. Holt, Rinehart and Winston, 1985.
- Baumann, Edward, *Step into My Parlor: The Chilling Story of Serial Killer Jeffrey Dahmer*. Bonus Books: Estados Unidos. 1991.
- Dahmer, Lionel, *A Father's Story. William Morrow and Company*, 1994.
- Geary, Rick (2004). *The Beast of Chicago: The Murderous Career of H. H. Holmes*. Nantier, Beall & Minoustchine.
- Klausner, Lawrence D. *Son of Sam: based on the authorized transcription of the tapes, official documents, and diaries of David Berkowitz*. New York, N.Y., Estados Unidos: McGraw-Hill, 1981.
- Thompson, Doris V. *Horoscope of murder: a study*

of David Berkowitz "Son of Sam". Tempe, Arizona, Estados Unidos.: American Federation of Astrologers, 1980.
- Vronsky, Peter (2004). *Serial Killers: The Method and Madness of Monsters*. Berkley Books: Estados Unidos.
- Whittle, Brian (2004). *Prescription for Murder: The True Story of Dr. Harold Frederick Shipman*. Little Brown: Estados Unidos.

www.ingramcontent.com/pod-product-compliance
Lightning Source LLC
LaVergne TN
LVHW021720060526
838200LV00050B/2763